中华文明源远流长，从未中断，塑造了我们伟大的民族。

文物和文化遗产承载着中华民族的基因和血脉，是不可再生、不可替代的中华优秀文明资源。

要让文物说话，让历史说话，让文化说话。

成都武侯祠博物馆建馆四十周年献礼

成都武侯祠

漢昭烈帝陵

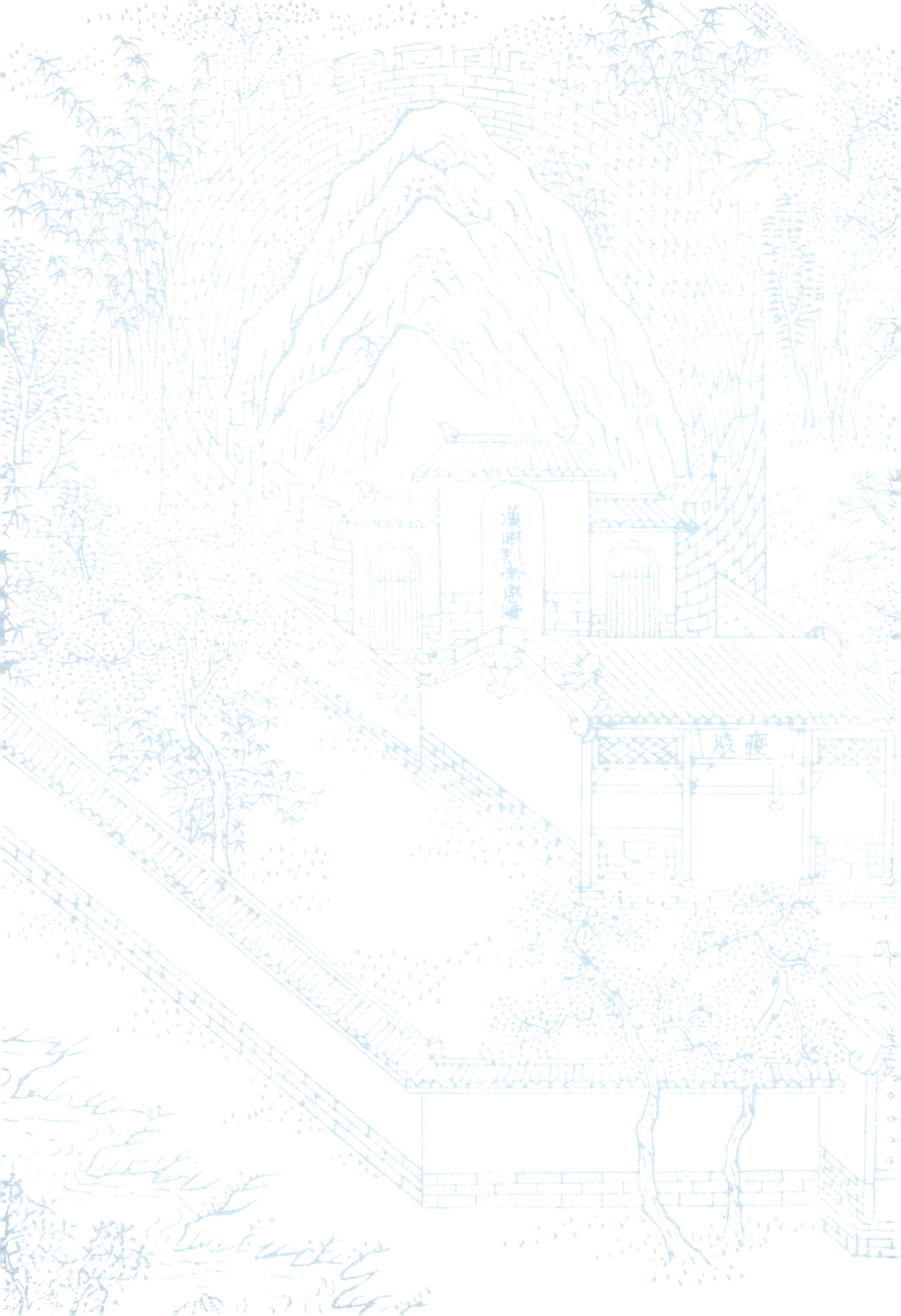

工整的華章

成都市哲学社会科学规划项目（项目编号：YN1320200273）

GONGZHENG DE HUAZHANG

成都武侯祠博物馆 编著

巴蜀书社

《工整的华章》编辑委员会

前 言

悠悠华夏，沧桑历史，三国只有短短不足百年，然而一千多年来，三国文化之影响无远弗届。成都武侯祠作为国内少见的君臣合祀祠庙和最负盛名的刘备、诸葛亮及蜀汉（221—263年）英雄纪念地，最早的历史可追溯到蜀汉章武三年（223年）刘备入葬惠陵。一句“丞相祠堂何处寻，锦官城外柏森森”，引发了多少文人墨客在寂寂空祠、苍烟翠柏间的思古幽情。杜甫之后，历代文人名士凡入成都者，大多会来拜谒武侯祠、惠陵，并留下墨宝，或怀古伤今，或借物喻人。他们汇聚于此题咏唱和、集联作句，留下许多脍炙人口的佳句联对。这是成都武侯祠厚重的历史沉淀，亦是前人留给我们的宝贵文化遗产。令人遗憾的是，明末清初的大战乱中，成都武侯祠积累的匾额、楹联全部散佚丢失，这是成都武侯祠的一次文化大损失。

成都武侯祠现存的匾额、楹联多为清代、民国以及当代增补，内容体现了三国文化、儒家文化与兵家文化相结合的特征，表达出后世名人名家对三国英雄人物的喜爱和崇敬，以及对三国历史的重新解读。这些匾额、楹联悬挂于成都武侯祠各个殿堂建筑的门楣、廊柱上，其丰富的内容、深刻的内涵、优美的书法与庄严肃穆的祠庙建筑相得益彰、交相辉映，在装饰古建筑的同时，亦启人思索、发人深省。

Preface

China has a long history full of vicissitudes, in which the Three Kingdoms period only lasted less than a century. However, for more than a thousand years, the impact of the Three Kingdoms culture has been far-reaching. Chengdu Wuhou Shrine is a rare shrine in China where the emperor and his minister are enshrined together and a renowned monument to Liu Bei, Zhuge Liang and other heroes in the Shu-Han Dynasty (221-263). Its history can be dated back to the third year of the Zhangwu era during the Shu-Han Dynasty (223) when Liu Bei was buried in Huiling Mausoleum. Two lines of a famous poem written by Du Fu go like this, "Where is the famous premier's temple to be found? Outside the Town of Brocade with cypresses around", which evoked many literati's sense of the past when they were in the tranquil shrine surrounded by green cypresses. After Du Fu, most of the literati and celebrities of the past dynasties who came to Chengdu would pay homage to Wuhou Shrine and Huiling Mausoleum, and leave valuable pieces of calligraphy and painting either to reminisce

the past and lament the present or to describe personal qualities through metaphor. They gathered in the shrine to chant poems and compose couplets, leaving numerous often-quoted works. Those works mark not only Chengdu Wuhou Shrine's historical accumulation of masterpieces but also invaluable cultural legacies left by predecessors. Regrettably, during the turbulent late Ming Dynasty and early Qing Dynasty, all the plaques and couplets collected in the shrine were lost, which proved to be a great cultural loss.

Most of the existing plaques and couplets in Chengdu Wuhou Shrine were added during the Qing Dynasty, the Republic of China period, and the contemporary era. Their contents reflect the combined characteristics of the Three Kingdoms culture, Confucianism and wisdom of war strategy, expressing the love and reverence of later generations of celebrities for the heroes of the Three Kingdoms, as well as their reinterpretation of the history of the Three Kingdoms. Those relics are hung on the lintels and pillars of the halls of Chengdu Wuhou Shrine, whose diverse content, profound connotation, and beautiful calligraphy complement the solemn ancient architectures. In addition to decorating the ancient buildings, those works are also inspiring and thought-provoking.

目录

CONTENTS

千秋凛然

昭烈惠陵

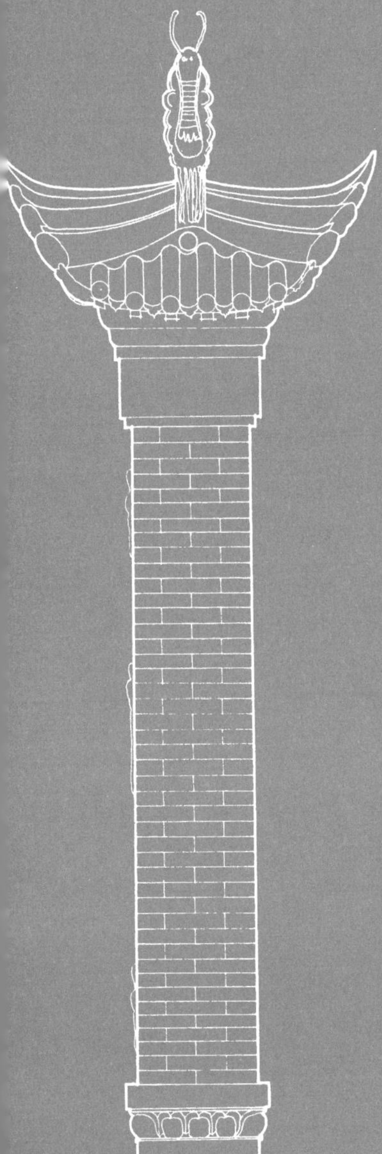

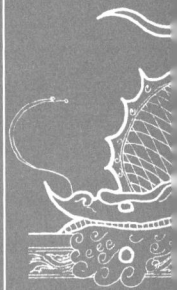

“城南三里余，岿然峙丘阜。”蜀汉昭烈皇帝刘备与甘、吴两位皇后合葬之惠陵位于成都城南，由墓冢和陵寝建筑组成，自刘备入葬始，已1800余年历史。惠陵封土形若小丘，茔上树木参差，寝殿肃然，墓周古柏森森，形制虽小，却巍巍屹立千年。惠陵所挂匾联，既有清代名将的翰墨，也有新中国文史工作者的补书，伫立陵前，仿佛刘备的“天地英雄气”穿越千年时光，凛然扑面而来，令人感佩。

Eternal Reverence

Huiling Mausoleum of Emperor Zhaolie

"Over one point five kilometers south of the city stands firm a mound", a line depicting the Huiling Mausoleum. Located in the south of Chengdu, the mausoleum, where Liu Bei, Emperor Zhaolie of the Shu-Han Dynasty, and his two empresses Gan and Wu were buried together, is composed of the tumulus and the resting places. It has been over 1,800 years since Liu's burial. The Huiling Mausoleum resembles a hill, on which trees scatter and the solemn burial place is surrounded by ancient cypresses. Despite its small size, it has stood erect for over a thousand years. The plaques and couplets hanging on the Huiling Mausoleum buildings include both works by those with high literary reputation of the Qing Dynasty, and supplementary ones by those devoted to cultural and historical materials since the founding of the PRC. Standing in front of the awe-inspiring mausoleum, one seems to be overwhelmed by a sense of reverence as if Liu Bei's heroic spirit once pervading the world more than a thousand years ago comes back to life again.

有功的谥号“昭”，仪容恭敬而美好的谥号“昭”，美名传播四方的谥号“昭”。……以武立功又安定百姓的谥号“烈”，主持德政又遵循祖业的谥号“烈”。

③陵：本义是底边为四边形的大土山，常指天子之坟、帝王之墓。此指刘备惠陵。

◎ 译文

蜀汉昭烈皇帝刘备之陵墓。

◎ 位置

惠陵山门

延伸

公元221年，刘备在成都称帝，改元章武，他自认继汉室正统，国号“汉”，史称“蜀汉”。蜀汉章武二年（222年），猇亭兵败，刘备退驻鱼复，改名永安（今重庆市奉节县）。章武三年（223年）四月刘备病逝于永安宫，五月诸葛亮扶灵柩回成都，秋八月葬惠陵，谥昭烈皇帝。后主刘禅生母甘夫人被追尊为昭烈皇后，与刘备同时合葬惠陵。延熙八年（245年），刘备吴皇后去世，亦葬入惠陵。

惠陵现位于成都武侯祠博物馆三国历史遗迹区西侧，刘备殿正西，封土径长约60米、高12米。陵墓建筑由墙垣（周长180米）、砖坊、寝殿、神道、山门、影壁组成。墙垣、砖坊、寝殿、山门均为道光五至六年（1825—1826年）四川布政使董淳等官员捐资培修。神道位于寝殿南面、山门北面，两旁由北向南塑石翁仲、石马和石麒麟六尊，东侧有建筑古柏斋，西侧有建筑广益堂。影壁在山门南面，为砖结构，呈一字形。

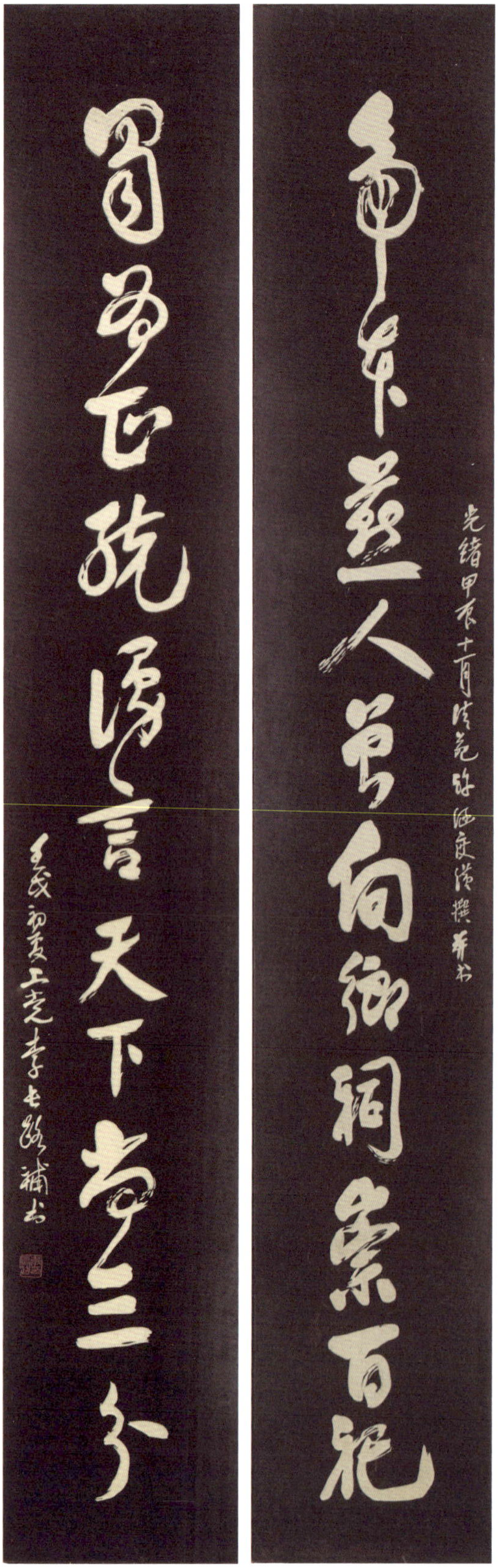

楹联

帝①本燕②人，曾向乡祠③崇百祀④；

蜀⑤为正统⑥，漫言⑦天下尚三分⑧。

款识

光绪甲辰⑨十一月清苑⑩许涵度谨撰并书

壬戌⑪初夏上党⑫李长路补书

钤印：李长路印

◎ 注释

①帝：刘备。

②燕：古地名，是周朝分封的诸侯国名之一，大致在今河北省一带。刘备是“涿郡涿县人”，即今河北省涿州市人。

③乡祠：乡贤祠。《后汉书》卷七〇《孔融传》载：“郡人甄子然、临孝存知名早卒，融恨不及之，乃命配食县社。”这被认为是祭祀乡贤之始。明清时凡有品学为地方所推重者，死后由大吏题请祀于其乡，入乡贤祠，春秋致祭。

④百祀：原指王畿内诸臣采地之祭祀，后泛指各种祭祀。也指极长或相当长的年月。

⑤蜀：指刘备建立的政权，国号“汉”，因都城在蜀地成都，后世多称“蜀汉”。

⑥正统：指历代封建王朝先后相承的统系。中国历代统治者在取得统治地位后，都会不断地利用各种方式，确立自身王朝的正当性，强调自身是天下唯一的正朔所在。特别是分裂的朝代，正统之争尤其激烈。史书编纂就是其中的方法之一。正统论也成为中国古代史学中的一个重要理论，表达了对某一政权合法性及其历史地位问题的认识。如在编年体史书中，用正统王朝的年号编年纪事，而偏闰政权的年号不得编年；在纪传体史书中，正统王朝的帝王有本纪，而偏闰政权的帝王事迹则入载记。

⑦漫言：莫言，别说。

⑧三分：指蜀汉与曹魏、孙吴三分天下。

⑨光绪甲辰：光绪三十年，即1904年。

⑩清苑：地名，位于河北省中部，北京、天津、石家庄三角腹地，现为清苑区，隶属河北省保定市。

⑪壬戌：1982年。

⑫上党：山西东南部古地名，现为上党区，隶属山西省长治市。

◎ 译文

汉昭烈帝刘备本是河北人，他的家乡千百年来立庙祭祀他；蜀汉才是三国时的正统，不要说当时是魏、蜀、吴三分天下。

◎ 位置

惠陵山门

◎ 背景

楹联本为许涵度1904年撰书，联文体现了他“帝蜀寇魏”的历史观倾向，后因年久散佚。1982年5月10日，中国书法家协会副主席朱丹与著名书法家李长路等参观成都武侯祠，现场书写楹联、匾额。成都武侯祠请李长路挥毫补书此联，付刻后悬挂于惠陵山门，促成了两位文人的隔代之缘。

延伸

关于曹魏与蜀汉，究竟谁代表了当时的正统朝廷，历代以来颇多争论。目前学界普遍认为历史上的三国正统之争往往屈从于当时的政治局势，如陈寿、习凿齿、司马光、朱熹等人都是基于时代需要或尊魏或尊蜀。陈寿著《三国志》时，是在西晋，而西晋禅让自曹魏，所以晋臣陈寿必须尊曹魏为正统；而东晋定都建康，偏安一隅，政治形势和蜀汉相类似，所以习凿齿作《汉晋春秋》时，开始把蜀汉尊为正统。同理可得北宋和南宋对曹魏、蜀汉的不同态度。赵匡胤帝位来自后周禅让，司马光必须尊曹魏为正统，否则北宋的合法性就会遭到质疑；而南宋偏安江南，朱熹主张抗金，所处的政治环境和习凿齿有相似之处，所以尊蜀汉为正统。清代史学家章学诚说："陈氏生于西晋，司马氏生于北宋，苟黜曹魏之禅让，将置君父于何地？而习与朱子，则固江东南渡之人也，唯恐中原之争正统也。诸贤易地而皆然。"所以，尊谁为正统，与当时的政治形势有直接关系。明清之时，朱熹"尊刘"的正统观占据主流地位，《续后汉书》《季汉书》等著作相继问世，都以蜀汉为正统。罗贯中《三国演义》更是以蜀汉为书写的中心，将蜀汉视为正统王朝，视为大汉王朝的延续，"帝蜀寇魏"。且由于《三国演义》的流播传唱，民间更是大多视蜀汉为正统。

◎ 作者简介

许涵度（1851—1914年），字紫蒓，河北清苑（今保定市清苑区）人。清同治十三年（1874年）进士。历任凤台知县、忻州知州、潞安知府、陕西按察使、四川布政使等职。任四川布政使（1905—1908年）时，重视农业，设立农政总局。1906年创建四川历史上第一所农业学堂——四川通省农业学堂（现四川农业大学前身）。1908年，在成都将二百多年来被清朝篡改的《三朝北盟会编》一书，经考证、修正、补缺后重新出版。1909年辞官，隐居天津马场道。

李长路（1904—1997年），原名镇恶，字长孺，笔名甄予，著名书法家、学者，山西屯留（今长治市屯留区）人。1927年加入中国共产党。1933年毕业于北京师范大学。曾任国家文化部艺术教育司司长、国家文物局副局长、中国书法家协会理事等职。他的书法作品、书法理论文章散见于各地报刊，先后出版《全唐绝句选释》《全宋词选释》《全元散曲选释》和诗集《霜叶集》。

◎ **匾额**

千秋①凛然②

◎ **款识**

光绪甲辰十二月

滇南马维祺书

钤印：臣马维祺　介堂

◎ 注释

①千秋：此指千年时间，形容时间很长。

②凛然：形容严肃而令人敬畏的样子。匾文取自唐代诗人刘禹锡的《蜀先主庙》："天地英雄气，千秋尚凛然。势分三足鼎，业复五铢钱。得相能开国，生儿不象贤。凄凉蜀故伎，来舞魏宫前。"

◎ 译文

汉昭烈帝刘备千秋百代凛然如生。

◎ 位置

惠陵寝殿

◎ 背景

马维骐治军严仁并用，宽猛相济，甚得军心，征战之余勤习诗书，有儒将风度。他调任四川后，多次拜谒成都武侯祠并留下墨宝。匾额“千秋凛然”书法笔力雄浑、端肃大气，体现了高超的书法造诣，表现出他对刘备的崇敬之情。他在成都武侯祠还留有楷书《隆中对》碑，现嵌于诸葛亮殿后壁间；题书 “亲贤臣国乃兴”联，久佚，今为郝谦补书。清光绪三十三年（1907年），马维骐命马长卿主持在惠陵神道西侧扩建“竹里室”，今不存。

◎ 作者简介

马维骐（1846—1910年），字介堂，云南阿迷（今开远市一带）人，清末著名抗法将领。中法战争中出师安南（今越南）抗法，屡败法军。班师回国后，因战功卓著，晋副将衔并受恩赏“博多欢巴图鲁”勇号，后历任昭通和广东潮州总兵、广东陆路提督、四川提督等职。清光绪三十一年（1905年），巴塘喇嘛杀害驻藏帮办大臣凤全，与土司合谋反叛，马维骐率兵进讨叛军，全境克平。朝廷赏头品顶戴，穿黄马褂。宣统元年（1909年）加委巡防全军，次年病逝于任上。宣统帝溥仪赐谥“果肃”。工诗，书法学颜真卿，端肃有力，笔力雄厚。《清史列传》卷六十四有传。

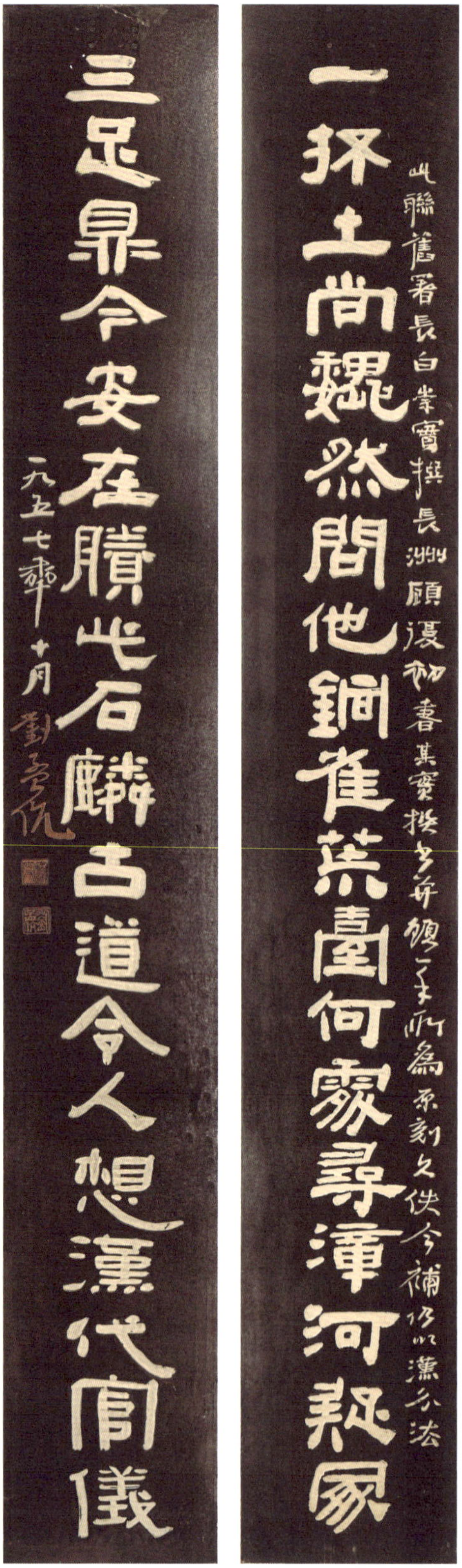

◎楹联

一抔土[1]尚巍然[2]，问他铜雀荒台[3]，何处寻漳河疑冢[4]？

三足鼎[5]今安在，剩此石麟古道[6]，令人想汉代官仪[7]。

◎款识

此联旧署长白[8]崇实撰，长洲[9]顾复初书，其实撰、书并顾一手所为。原刻久佚，今补，仍以汉分[10]法。一九五七年十月，刘孟伉。

钤印：刘孟伉　寱[11]叟

千秋凛然

◎ 注释

①一抔土：一捧土。抔，用手捧。《史记》卷一〇二《张释之传》："假令愚民取长陵一抔土，陛下何以加其法乎？"长陵是汉高祖的陵墓。后称坟墓为一抔土。唐骆宾王《代李敬业以武后临朝移诸郡县檄》中有："一抔之土未干，六尺之孤安在？"此指刘备惠陵。

②巍然：形容山或建筑物高大雄伟的样子。

③铜雀荒台：荒凉的铜雀台。此以铜雀台借指曹操。东汉建安十五年（210年），曹操受封于魏后，在邺城（今河北省临漳县一带）修建了铜雀、冰井、金虎三座高台。故址在今河北省临漳县西南古邺城的西北角。郦道元《水经注》卷十载："城之西北有三台，皆因城为之基，巍然崇举，其高若山，建安十五年魏武所起……中曰铜雀台，高十丈，有屋百一间，台成，命诸子登之，并使为赋。"

④漳河疑冢：传说中漳河边分布有七十二座墓冢，是曹操修的假墓，故称"疑冢"。

⑤三足鼎：鼎是我国青铜文化的代表器物之一。传说夏禹曾收九牧之金铸九鼎于荆山之下，以象征九州。自此，鼎从一般的炊器发展为立国重器，成为国家和权力的象征。后代也常把定都或建立王朝称为"定鼎"。鼎有三足圆鼎，也有四足方鼎，此三足鼎代指三国时期魏、蜀、吴三足鼎立的局面。

⑥石麟古道：指惠陵前的神道和石麒麟。

⑦汉代官仪：语出《后汉书·光武帝纪》："老吏或垂涕曰：'不图今日复见汉官威仪。'"表达人们又见故往旧物的激动之情。此指看到惠陵就让人想象到汉代的朝廷仪式。

⑧长白：指长白山，广义上也指长白山地区。

⑨长洲：在今江苏省苏州市。

⑩汉分：汉隶的别名。康有为《广艺舟双楫·分变》："西汉无挑法，而在篆隶之间者，名曰西汉分。蔡中郎说也。东汉有挑法者，为东汉分，总称为汉分。王愔、张怀瓘说也。"

⑪寱：同"呓"。

◎ 译文

刘备惠陵的封土虽不高但还巍然矗立着，试问漳河边荒芜的铜雀台旁，哪里还找得到曹操故弄玄虚的假坟呢？三国鼎立的局面而今何在？只剩下这古道和道旁的石麒麟，令人想起汉代朝廷的仪式排场。

◎ 位置

惠陵寝殿

◎ 背景

此联是按吴玉章的回忆补书付刻。1957年，吴玉章参观成都武侯祠。步入大门，吴玉章即提起曾经见过的惠陵前楹联，并随口背诵。参观惠陵时，他再次提起该联，并表示："历史上（有）的，还是应当要，不能没有历史。"数月后，吴玉章将该联写出递交成都武侯祠，附说明道："六十年前昭烈墓前一联，今不见了，其内容是：'一抔土尚巍然，问他铜雀荒台，何处寻漳河疑冢？三足鼎今安在，剩此石麟古道，令人想汉代官仪。'"并新填词一首："丝竹绿如烟，兰桂檐前，古碑三绝柏参天，昭烈墓荒春又过，记取遗联。又是一重天，金碧评妍，是陵园又非陵园，应把事迹昭示出，以伸奸贤。"吴玉章还回忆说，该联旧题完颜崇实撰，撰写和书法其实均为顾复初一手所为。后成都武侯祠按吴玉章所说补刻楹联，现悬挂楹联为成都武侯祠请时任四川省文史研究馆馆长刘孟伉补书付刻。

顾复初擅长撰写楹联，游蜀多年，蜀中古迹多有顾氏遗墨，他身为完颜崇实的幕僚，代写楹联时，自然将自己的历史观融入其中。此联将刘备惠陵与曹操七十二疑冢相对比，一褒一贬间尽显深意。

千秋凛然
光緒甲辰十二月
滇南馬維騏書
三足鼎今安在賸此石麟古道令人想漢代威儀
一抔土尚巍然問他銅雀荒臺何處尋漳河疑冢
漢昭烈皇帝之

延伸一

惠陵能完好保存至今，与历朝历代的保护息息相关。据明代王士性《入蜀记》：“（惠）陵在殿右，登陵，城内外俱在盼中。”可见，明代时惠陵封土仍然是成都城内较高的历史遗存。1946年郭祝崧《成都春游三胜》载：“但墓高已不及三丈，占地亦不过一亩。”“不及三丈”为郭祝崧目测，可见当时封土高约10米。

延伸二

东汉建安二十三年（218年），曹操颁布一道《终令》，安排身后之事。《三国志·武帝纪》载：“其规西门豹祠西原上为寿陵，因高为基，不封不树。”建安二十五年（220年）春，曹操临终前又遗令“葬毕，皆除服。其将兵屯戍者，皆不得离屯部。有司各率乃职。敛以时服，无藏金玉珍宝”，确定实行薄葬。二月，曹操葬高陵。曹丕、曹植及晋代陆机、陆云都有文描述曹操的丧葬情况，其墓位置在邺城之西、西门豹祠西原上，不封不树。贞观十九年（645年），唐太宗李世民带兵亲征高句丽途中，路过曹操墓，作《祭魏武帝文》。可见直至唐代，时人仍能确定曹操墓位置。

自宋代始，虽史书有记载，但现实中曹操墓位置成为谜题。也是自宋代开始，曹操的形象逐渐演化为一代奸雄，墓址不详成为他多疑、奸诈的佐证。当时邺城以西有墓群，众多墓冢罗列于漳河两岸，被传为曹操的七十二疑冢。明代陶宗仪《辍耕录》：“曹操疑冢七十二，在漳河上。”清代陆次云《疑冢》：“漳河累累漳水头，如山七十二高丘。”罗贯中《三国演义》第七十八回：“（曹操）又遗命于彰德府讲武城外，设立疑冢七十二：‘勿令后人知吾葬处，恐为人所发掘故也。’”渲染了曹操的奸诈。

清代蒲松龄《聊斋志异》中有一篇《曹操冢》，点出曹操墓可能在其设的七十二疑冢之外，更显示出曹操的诡诈。随着这些作品流传，曹操墓之谜更加扑朔迷离，“曹操七十二疑冢”之说在民间流传愈广。现代，随着文物征集工作和抢救性发掘工作的开展，诸多考古学家都证实漳河边的墓群是北朝大型古墓群，其确切数字不是72座，而是134座。2009年12月27日，经考古发掘，国家文物局最终认定，位于河南省安阳市安丰乡西高穴村南的墓为曹操高陵，终结了曹操墓的千古历史疑案。

◎ 作者简介

完颜崇实（1820—1876年），字子华、惕盦，又字朴山，别号适斋，室名半亩园、小琅轩馆，满洲镶黄旗人。清道光三十年（1850年）进士，历任刑部尚书、文渊阁学士等职。咸丰十年（1860年）由驻藏大臣升任成都将军、四川总督，后任盛京将军等职。光绪二年（1876年）卒，谥“文勤”。《清史列传》卷五十二有传。

顾复初（生卒年待考，一说为1800—1893年），字幼耕，又字幼庚、乐余、子远，号道穆、听雷居士、罗曼山人、潜叟等，长洲（在今江苏省苏州市）人。拔贡生，后仕蜀。何绍基任四川学政，曾邀顾复初襄校试卷；后为四川总督完颜崇实、吴棠、丁宝桢、刘秉璋等人的幕僚；曾任光禄寺署正。工诗书画、古文词，通辞章、擅楹对，光绪年间被推为蜀中第一书家。著《罗曼山人诗文集》《乐静廉余斋文集》等。成都武侯祠博物馆藏有其《水墨浅设色山水图》轴和行草书“一卷兵书”团扇扇面等多件作品。

刘孟伉（1894—1969年），原名贞健，字孟伉，别名艺叟、吃叟、瘝叟，四川云阳（今重庆市云阳县）人。师从其堂兄晚清进士刘贞安，文辞诗赋及书法篆刻俱佳。1927年加入中国共产党。1950年8月任川东行署副秘书长，1959年调任四川省文史研究馆馆长。20世纪中国最具代表性的书法家之一，四川的名胜古迹多有其墨宝。成都武侯祠博物馆藏有其《隆中对》轴、杜甫诗《蜀相》轴等书法作品。

◎ 匾额

惠①陵

◎ 款识

一九八二年夏

魏传统

钤印：传统

◎ 注释

①惠：仁慈、仁爱、宽厚，施恩惠。据《尚书·皋陶谟》："安民则惠，黎民怀之。"《逸周书·谥法解》："柔质慈民曰惠，爱民好与曰惠。"史载刘备仁慈爱民，"爱民好与"，死后所葬陵墓故名惠陵。

◎ 译文

刘备的陵墓。

◎ 位置

惠陵寝殿

◎ 背景

1982年5月，中国书法家协会理事会在成都召开。期间，魏传统等到成都武侯祠参观，为成都武侯祠题写匾额、楹联多副，包括此匾。

延伸

中国历代帝王陵墓通常规模宏大，花费甚巨，建造时设有专门机构和负责大臣，陵寝都有陵号。陵号命名大致分两类：一是根据皇帝尊号、谥号，选用与之相应的吉祥美好字眼，如唐高祖献陵、唐太宗昭陵等。陵号命名以此居多。二是按照陵墓所在地取名，如西汉长陵、安陵，因位于长安而得名。此外还有后世发现陵墓后所起名号，如黄帝陵、秦公一号大墓、秦始皇陵等。

中国历代重名的陵墓很多，与刘备惠陵同名者有二：一是位于陕西省蒲城县西北的唐惠陵，这是唐玄宗李隆基的大哥李宪之墓。中国古代太子册立有“立长不立幼”的传统，李宪身为长子却主动把太子之位让给三弟李隆基，玄宗感念他的恩德，追谥他“让皇帝”，陪葬在父亲唐睿宗桥陵之旁，称为惠陵。二是清穆宗爱新觉罗·载淳（同治帝）惠陵。清《内阁鸿称册 列圣尊谥》中“惠”字有二解：“德威可怀曰惠，泽及万世曰惠。”穆宗庙谥为“毅”，含有英明有执、强而能断之意，与“德威可怀曰惠”之义正相对照。载淳在位十三年（1862—1874年），生前一直未建陵寝。其死后，清光绪元年（1875年）确定景陵东南3公里处的双山峪为万年吉地建陵寝，二月二十三日确定陵号惠陵。

◎ 作者简介

魏传统（1908—1996年），四川达县（今达州市）人，书法家、诗人。1926年加入共青团，1928年成为中国共产党党员，1933年参加中国工农红军，1955年被授予少将军衔。他精通书法艺术，为第五届全国政协委员、第六届全国政协常务委员、中国楹联学会首任会长，全国名胜古迹多有其题写的碑铭、楹联和匾额。著有诗选《追思集》《江淮敌后烽火》和书法集《魏传统书法作品选集》等。

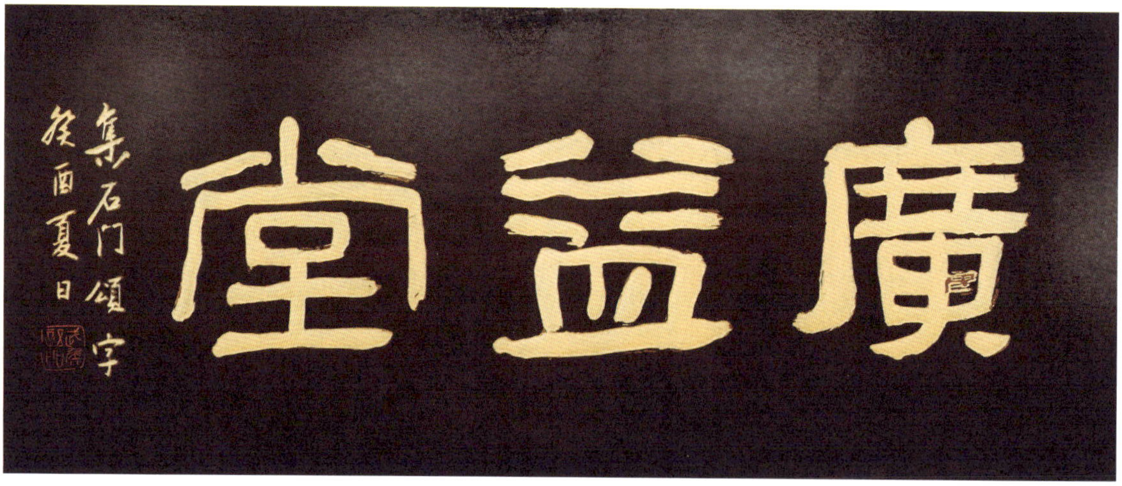

◎匾额

广益①堂

◎款识

集石门颂②字

癸酉③夏日

钤印：武侯语

◎ 注释

①广益：增添益处。诸葛亮《出师表》："愚以为宫中之事，事无大小，悉以咨之，然后施行，必能裨补阙漏，有所广益。"诸葛亮《教与军师长史参军掾属》："夫参属者，集众思、广忠益也。"意思是处理政事要集中众人智慧，博采有益的意见。后"集思广益"成了成语，意即集中众人的智慧，可使效果更大更好。

②石门颂：全称为《汉故司隶校尉犍为杨君颂》，是东汉建和二年（148年）由汉中太守王升撰文、书佐王戎书丹，刻于汉中蜀道石门内壁西侧的一方摩崖石刻，是隶书书法精品，现迁藏于汉中市博物馆。

③癸酉：1993年。

◎ 译文

集思广益的厅堂。

◎ 位置

惠陵神道西侧广益堂

延伸

《石门颂》歌颂了东汉顺帝时的司隶校尉、犍为人杨孟文"数上奏请"修复褒斜道的事迹。整块摩崖通高261厘米、宽205厘米，题额高54厘米。文字多用圆笔，逆锋起笔、回锋收笔，线条沉着劲道，结字舒展放纵，体势瘦劲、飘逸自然，素有隶书中的草书之称，是汉隶中的精品佳作。它与略阳《郙阁颂》、甘肃成县《西狭颂》并称为"汉三颂"，是汉代颂体代表作。此匾取名来自诸葛亮《出师表》"广益"二字，既是对诸葛亮的纪念，也以此警示世人；取字集汉隶《石门颂》，字体自然舒展，尽显汉代遗风。

廣益堂
是知其不可而爲之歟
自任以天下之重如此

◎ 楹联

自任①以天下之重②如此；

是知其不可而为之③欤。

◎ 款识

成都武侯祠

癸酉④初夏华阳⑤洪志存补书

钤印：浩园　洪志存

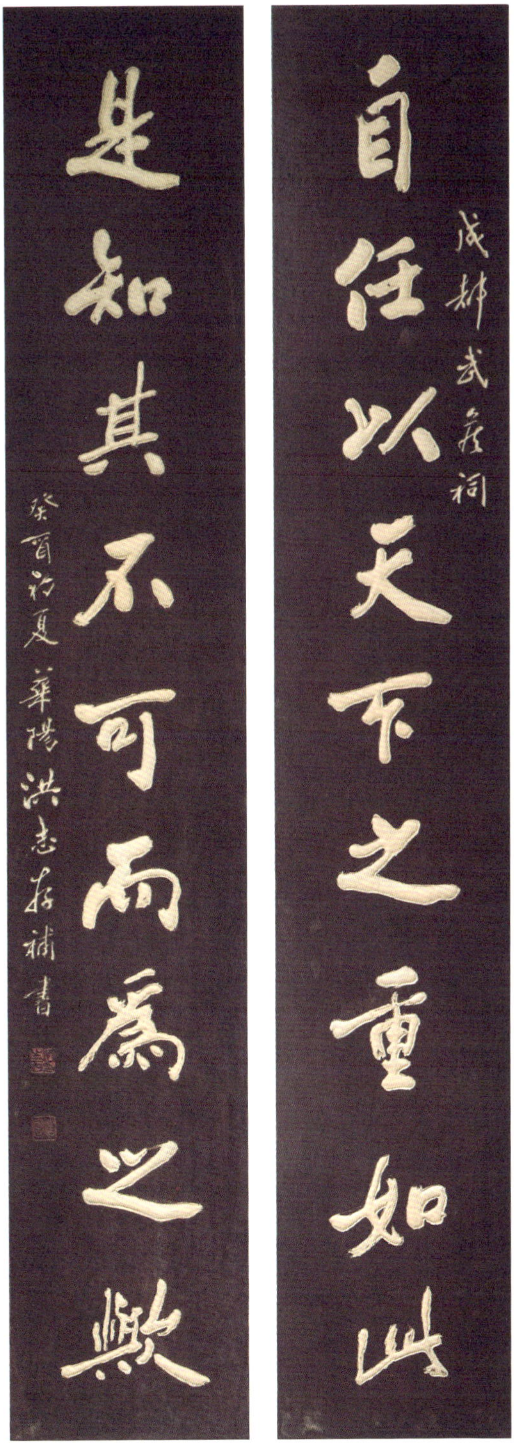

◎ 注释

①任：负担。

②重：重任。

③知其不可而为之：出自《论语·宪问》："子路宿于石门。晨门曰：'奚自？'子路曰：'自孔氏。'曰：'是知其不可而为之者与？'""知其不可而为之"即明知做不到却还要去做，表现了孔子迎难而上的执着精神。诸葛亮名重史册，为兴复汉室，鞠躬尽瘁，死而后已，深受后人敬仰。然而人们谈到他，说得最多的还是"出师未捷身先死，长使英雄泪满襟"，表达了对他功业未成而将星早坠的遗憾。三国中，蜀汉国力最弱，诸葛亮在此形势下仍坚持统一天下、光复汉室，不畏艰难挫折，六出祁山伐魏，确是"知其不可而为之"。此联深刻表达了对诸葛亮知难而进精神的敬仰和感佩。

④癸酉：1993年。

⑤华阳：华阳县，为今成都市的部分区域。唐贞观十七年（643年）建县。清代，成都府是四川省的"首府"，成都、华阳两县为"首县"，两县共治省城。1965年，华阳县被正式撤销，并入双流县（今成都市双流区）。

◎ 译文

诸葛亮以兴复汉室、统一天下为己任，虽然他深知这一目标难以实现，却仍坚持不懈去努力。

◎ 位置

惠陵神道西侧广益堂

◎ 作者简介

洪志存（1917—2001年），别号浩园，四川成都人，曾任四川省文史研究馆馆员、巴蜀诗书研究会常务理事、益州书画院院长。师从文史学家、书法家林思进和名儒刘咸荥、书画家高少安等名家，书宗苏欧颜赵及汉魏六朝。

◎ 匾额

古柏①斋②

◎ 款识

庚辰年③冬

浩然题

钤印：浩然所书　舒之心

◎ 注释

① 古柏：古老的柏树。

② 斋：屋舍。

③ 庚辰年：2000年。

◎ 译文

古柏环绕的屋舍。

◎ 位置

惠陵神道东侧古柏斋

延伸

在陵墓、古祠广植松柏是中华民族古老的习俗。唐宋时期民间流传，成都武侯祠中的一些古柏是诸葛亮亲手栽种。唐代杜甫《蜀相》有“锦官城外柏森森”，卢求《成都记》载：“（武侯）庙前双大柏，古峭可爱，人云诸葛手植。”宋代陆游《谒汉昭烈惠陵及诸葛公祠宇》写道武侯祠“柏密幽鸟啭”，田况《儒林公议》：“成都先主庙侧，有诸葛武侯祠，祠前有大柏，系孔明手植，围数丈。唐相段文昌有诗刻存焉。唐末渐枯。历王建、孟知祥二伪国，不复生，然亦不敢伐。皇宋乾德五年丁卯夏五月，枯柯再生。余于皇祐初守成都。又八十年，新枝耸云，枯干存者，若老龙之形，正所谓‘柏森森’也。”范镇《东斋记事》：“武侯庙柏，其色若牙然，白而光泽，不复生枝叶矣。”明代李时珍《本草纲目》：“益州诸葛孔明庙中有大柏木，相传是蜀世所植，故人多采以作药，其味甘香于常柏也。”王士性《入蜀记》：“谒武侯祠，问老柏，化去久矣。”

由于历代文人名士的推崇，柏树成了成都武侯祠独特的文化符号之一。清代以来，成都武侯祠住持道人广植柏树，自清乾隆七年（1742年）始，住持道人张清夜、徐本衷、倪教和、张合桂等先后在祠内补种柏树数百株，逐渐形成柏树成荫的景观。1980年，成都武侯祠会同相关科研单位就柏树进行专题研究，并进行补植和治理。经过多次补植，目前，“锦官城外柏森森”的景观已初具规模。

◎ 作者简介

周浩然（1929—2009年），重庆江津人，著名书法家，中国书法家协会会员，曾任四川省老年书法研究会副会长、四川省书法家协会常务理事等职。书学颜柳苏黄，擅长行书、榜书和双钩，所作体势峭拔、遒劲豪放。书作收入《当代中国书法作品集》《明清现代中国的书展》等。

◎ **楹联**

大树思冯异①；

甘棠②忆召公③。

◎ **款识**

李商隐④武侯庙古柏⑤诗句

景岳书

钤印：景岳　业山堂主之章

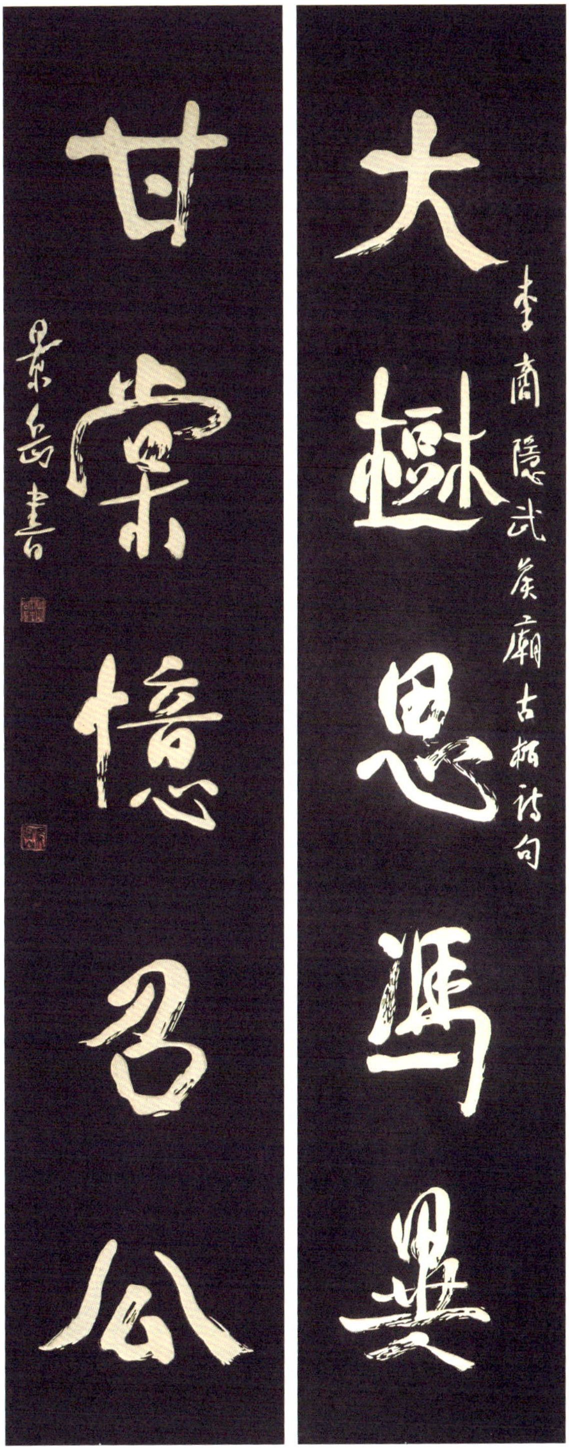

◎ 注释

①冯异：字公孙，颍川父城（今河南省宝丰县东）人。原为新朝颍川郡掾，后归顺刘秀。刘秀称帝后，被封为征西大将军、阳夏侯，是东汉初年云台二十八将第七位。东汉建武十年（34年）病逝于军中，谥“节侯”。据说跟随刘秀的开国将领们，在征战间隙，常常聚在一起聊天，自述战功。每当众将争功论能之时，他总是一个人默默地躲到大树下面，于是人称“大树将军”。

②甘棠：棠梨树。《诗经·国风·召南》有一篇《甘棠》，为先秦时代民歌，诗曰：“蔽芾甘棠，勿翦勿伐，召伯所茇。蔽芾甘棠，勿翦勿败，召伯所憩。蔽芾甘棠，勿翦勿拜，召伯所说。”全诗由睹物到思人，由思人到爱物，人、物交融为一，是怀念召伯的诗作。

③召公：生卒年不详，姓姬，名奭，又称召伯、召康公、召公奭，西周大臣，与周武王、周公旦同辈。辅佐周武王灭商后，受封于蓟（今北京市），建立诸侯国燕国（北燕）。周武王死后，周成王继位，姬奭担任太保执政，政通人和，贵族和平民都各得其所，因此深受爱戴。他曾息于一棵棠梨树下，后人为纪念他，舍不得砍伐此树，作《甘棠》诗怀其德政。辅佐周成王、周康王开创“四十年刑措不用”的“成康之治”。

④李商隐：晚唐著名诗人，字义山，号玉溪生，又号樊南生，原籍怀州河内（今河南省沁阳市），祖辈迁荥阳（今河南省荥阳市）。唐文宗开成二年（837年）登进士第，曾任秘书省校书郎、弘农尉等职。因卷入“牛李党争”而受排挤，一生

困顿不得志。唐宣宗大中末年（约858年），在郑县病故。其诗构思新奇、风格秾丽，骈文文学价值也很高，和杜牧合称“小李杜”，与温庭筠合称为“温李”。

⑤武侯庙古柏：指李商隐诗作《武侯庙古柏》：“蜀相阶前柏，龙蛇捧闷宫。阴成外江畔，老向惠陵东。大树思冯异，甘棠忆召公。叶凋湘燕雨，枝折海鹏风。玉垒经纶远，金刀历数终。谁将出师表，一为问昭融。”这首诗借对诸葛亮的咏怀，表达了李商隐自己感伤世事的情怀。

◎ 译文

看见大树就想起不争功的大树将军冯异，吟咏《甘棠》诗便怀念施行仁政的召公。

◎ 位置

惠陵神道东侧古柏斋

◎ 作者简介

张景岳（1945— ），生于四川成都，祖籍河南。曾任中国书法家协会理事，四川省书法家协会副主席兼秘书长，四川省文学艺术界联合会委员。书法作品曾获全国第二届、第七届中青年书法展优秀奖、二等奖，国际现代书法大展荣誉奖。

明良千古

君臣合庙

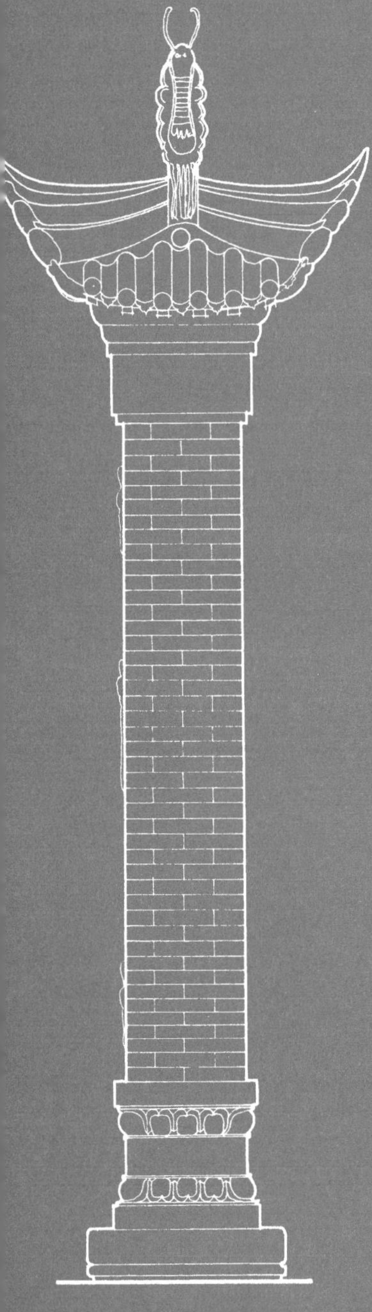

明洪武二十四年（1391年），蜀献王朱椿将武侯祠并入汉昭烈庙，奠定了“一祠同祀君臣”的合祀格局；清康熙十至十一年（1671—1672年）成都武侯祠恢复重建，形成了“两殿并立”的建筑风貌。大门、二门、文华武英廊、刘备殿、过厅、诸葛亮殿组成的巍巍殿宇，供奉着鱼水情深的千古明君和贤相——刘备与诸葛亮。从古至今，拜谒、瞻仰者络绎不绝，他们在此或感怀，或酬唱，留下的翰墨文字随着历史的沉淀愈发古朴厚重，穿越时间的维度，凝结成不朽的庄严。

Wise Emperor and Virtuous Prime Minister for Eternity

Shrine to Both the Emperor and Minister

In the 24th year of the Hongwu era during the Ming Dynasty (1391), Zhu Chun, Prince Xian of Shu, merged the Wuhou Shrine into the Han Zhaolie Temple, establishing a combined shrine to worship both the emperor and his minister. From the 10th to 11th year of the Kangxi era during the Qing Dynasty (1671-1672), the shrine was reconstructed, with two halls coexisting. The majestic complex consisting of the Front Gate, the Second Gate, the Corridors of Literary Brilliance and Martial Valor, the Liu Bei Temple, the Entrance Hall, and the Zhuge Liang Temple enshrines Liu Bei and Zhuge Liang, a wise king and an able minister who established an unbreakable and deep bond for each other. From ancient times to the present, continuous visitors and worshipers have paid homage to the holy shrine. During the stay, they express their feelings by presenting each other with poems. Their writings composed there have become more dignified with the passing years, transcending the limit of time and evolving into immortal grandeur.

業紹高光

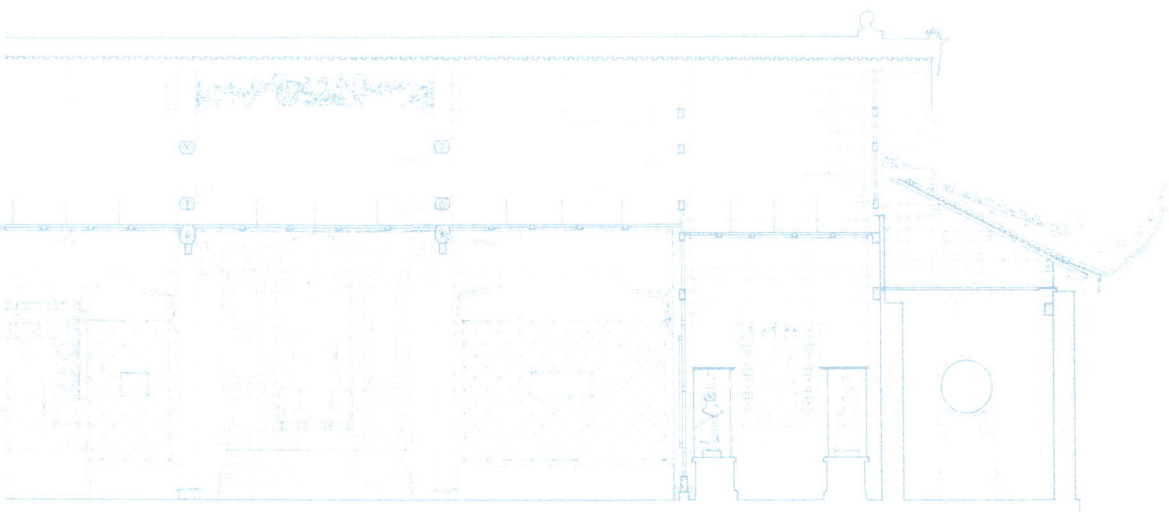

◎ 匾额

汉①昭烈②庙

◎ 注释

①汉：见第6页。

②昭烈：见第6页。

◎ 译文

祭祀蜀汉昭烈皇帝刘备之庙。

◎ 位置

大门

延伸

蜀汉沿用汉代丧葬制度，有陵必有庙，惠陵旁原建有祭祀刘备的原庙。明代以前，惠陵旁的汉昭烈庙与武侯祠虽位置毗邻，却是独立建筑，分开祭祀。明洪武二十四年（1391年），蜀献王朱椿主张“君臣宜一体”，将武侯祠并入汉昭烈庙，“一祠同祀君臣”的合祀格局自此开始。因诸葛亮在民间影响巨大，老百姓仍按旧俗将合祀后的汉昭烈庙称为武侯祠，延续至今。明末，成都武侯祠毁于兵燹。清康熙十至十一年（1671—1672年），成都武侯祠进行恢复重建，形成前、后两殿并立的基本格局：前殿祭祀刘备，即“刘备殿”，与二门、文武两廊组成一个相对独立的四合院式建筑群；后殿祭祀诸葛亮，即“诸葛亮殿”，台基略低于前殿，规模也小于前殿，与过厅和东西厢房组成一个相对独立的院落。此格局延续至今。

◎匾额

明①良②千古③

◎款识

康熙丙子④孟冬⑤中浣⑥之吉

提督四川等处⑦节制全省镇将⑧提调汉土官兵⑨

左都督⑩世袭阿达哈番⑪加五级⑫吴英　立

钤印：吴英之印　愧能

◎ 注释

①明：明君，圣明之君。

②良：良弼，贤良的辅佐。

③千古：指长远的年代，也意永垂史册。

④康熙丙子：康熙三十五年，即1696年。

⑤孟冬：冬季的第一个月，农历十月。

⑥中浣：原指古时官吏每月中旬的休沐日。后泛指每月中旬。亦作“中盥”。

⑦提督四川等处：指四川提督，提督是清朝地方绿营的最高长官。

⑧节制全省镇将：指统辖四川全省四镇八协的总兵和副将。

⑨提调汉土官兵：可以管领调度绿营汉人军队和土司少数民族军队。

⑩左都督：提督的虚衔。

⑪世袭阿达哈番：阿达哈番是满语汉译的清朝爵位名称，清顺治四年（1647年）定名，乾隆元年（1736年）规定这一满语爵位改称汉文为“轻车都尉”。清代的轻车都尉是外姓功臣与外戚的爵位称号，不是实职，位于爵位的第六位，居于公侯伯子男爵之下，并与以上爵位一样分三等，一等轻车都尉为正三品，二、三等轻车都尉为从三品。爵位的所有者如果不享有其他实际官职，就仅仅是一个拥有爵位的贵族，而没有具体职务。世袭是指此爵位可以传给儿孙后代。

⑫加五级：清朝的议叙制度分为纪录和加级两种，最低奖赏叫纪录一次，依次纪录三次合为一级。

◎ 译文

蜀汉王朝君主圣明，臣子忠良，明君良弼，千古垂范。

◎ 位置

二门

延伸一

匾额中的“明”左边是“目”旁，为“明”的异体字。考之书法的历史发展，古时的“明”，左边是窗户，右边是月。到了隶书之后，有的还保留窗的形态，有的则简化成了两横，即“目”，现在很多古帖的“明”字就是“目”旁。而在草书中，“明”字的“目”旁中两横是用一笔连带的，所以，近代很多书家在写的时候就变成一横了。现在的简体字里，“明”字的“目”旁中也是一横，变为了“日”旁。对这一变化，草书起了决定性的作用。

延伸二

议叙制度是清代对官员的一种考评制度。据《清会典·吏部》卷十一记载：“凡议叙之法有二：一曰纪录，其等三（计以次，有纪录一次、纪录二次、纪录三次之别）；二曰加级（计以级，有加一级、加二级、加三级之别），合之，其等十有二。”意思是凡官员立有功绩或经考核成绩优良者，可交吏部“议叙”，给予纪录或加级（武职也称“功加”）的奖励。“纪录”和“加级”各有三等，最低的是“纪录一次”，累积三次，便算“加一级”，再上为“加一级纪录一次”，到“加一级纪录三次”晋升为“加二级”，依此类推累进，直到“加三级”为止，共有十二等。官员纪录、加级次数越多，越显示政绩卓著，也是考核评定优劣的依据。官员因过受降级、罚俸处分时，可以本人所得之“加级、纪录”抵销。但若是大过，必须实降实罚，不准抵销。清代中后期，因吏治败坏，大开捐纳之门，大小官员只要捐银达一定数目，就给予一定的奖励，甚至出现了加十六级、记录三十六次的现象。

◎ 作者简介

吴英（1637—1712年），字为高，号愧能，原籍福建泉州，后入籍莆田。原隶郑成功麾下，后随施琅降清。清康熙二十二年（1683年），随施琅攻台。台湾收复后，镇抚其地，率众开垦，振兴文教，造福一方。康熙二十四年（1685年），调任舟山总兵，抗击外夷倭寇入侵。十月，升四川提督。他在四川十一年，清除吴三桂余党，强化社会治安。后调福建陆师提督、福建水师提督等。康熙四十二年（1703年），康熙帝南巡，御书“作万人敌”匾额以赐，复加封“威略将军”。卒后李光地为他撰写墓志铭，朝廷还为之建祠纪念，称“将军祠”。

◎**楹联**

合①祖孙父子②兄……存亡争正统⑧；

历⑨齐楚幽……一堂上下共千秋。

◎**款识**

汉昭烈庙

刘咸荥撰书

◎ 注释

① 合：会集，聚集。

② 祖孙父子：汉昭烈庙中祭祀的祖孙有刘备与刘谌、张飞与张遵，父子有关羽与关平、关兴，张飞与张苞，董和与董允，傅肜与傅佥。

③ 兄弟：传说刘、关、张三人曾结拜为兄弟，另外，关兴、关平为兄弟。

④ 君臣：刘备与其文臣、武将。

⑤ 辅翼：辅佐，辅助。

⑥ 人纲：人伦纲纪，即儒家文化的“三纲”，是儒家为人处世的道德准则。

⑦ 百代：指很长的岁月。

⑧ 正统：见第9页。

⑨ 历：经历。

⑩ 齐楚幽燕越吴秦蜀：齐，今山东省泰山以北黄河流域和胶东半岛地区，为战国时齐地，汉以后仍称为齐；楚，大致为古荆州地区，在今湖北、湖南一带；幽燕，大致在今河北北部及辽宁一带，战国时属燕国，唐以前属幽州，故名；越吴，春秋越国和吴国的并称，后指江浙一带；秦，古国名，战国七雄之一，今指陕西地区；蜀，今四川一带。

⑪ 庙祀：立庙奉礼祭祀。

◎ 译文

汉昭烈庙中供祀的蜀汉人物聚合了祖孙、父子、兄弟、君臣，臣子们辅佐刘备，维护人伦纲纪，生死存亡的斗争都是为争得蜀汉政权的正统地位；刘备建立蜀汉王朝来之不易，经历了齐、楚、幽燕、越吴、秦、蜀等地，南北转战，艰难立国，留下他们君臣一堂的这座祠庙永远受人祭祀缅怀。

◎ 位置

二门

延伸

清代双流刘氏是蜀中大族，扬名于刘沅，也与成都武侯祠结缘五代。刘沅生于清乾隆三十二年（1767年），卒于咸丰五年（1855年），跨乾隆、嘉庆、道光、咸丰四朝，享年八十八岁，是清中叶重要的儒学大师、教育家、宗教思想家、医学思想家，被后世尊为槐轩学派、刘门教以及中医火神派的开派师祖，其学术被称为“槐轩之学”。道光二十九年（1849年），刘沅主持对成都武侯祠进行局部修缮，并对祠内塑像进行大规模调整。刘沅之子刘桂文深受父亲影响，不仅参与了成都武侯祠的修缮，还于同治年间集资在黄忠墓后修建黄忠祠。刘沅之孙刘咸荥和刘咸炘都在成都武侯祠留下数副楹联、匾额、诗碑。刘沅曾孙刘东父是我国著名的书法家。1963年，刘东父补书刘咸荥旧撰的一联，悬于刘谌像壁龛两侧。刘东父之子刘奇晋也是著名书法家，成都武侯祠亦多次邀请他撰联写匾。

◎ 作者简介

刘咸荥（1857—1949年），字豫波，别号豫叟，室号静娱楼。成都双流人，蜀中名宿“川西夫子”刘沅（刘止唐）之孙。清光绪二十三年（1897年）拔贡，曾任内阁中书，后历任四川省咨议局议员、四川省参议员等职，民国时期成都著名的“五老七贤”之一。他一生投身教育，潜心劝善，曾主讲于双流桂馨书院，又在成都尊经书院、四川通省师范学堂、四川高等师范学堂、成都府中学堂（石室中学）、华西协合大学等校任教。精诗文、善书画，书学北宋黄庭坚，画以兰草为长。

◎ **楹联**

唯德与贤，可以服人①，三顾频烦天下计②；
如鱼得水③，昭兹来许④，一体君臣祭祀同⑤。

◎ **款识**

此联原为清嘉庆七月⑥四川总督⑦襄平蒋攸铦题，因久佚，特补书付刻。一九八四岁次甲子春首。

一九八二年夏，魏传统。

钤印：传统

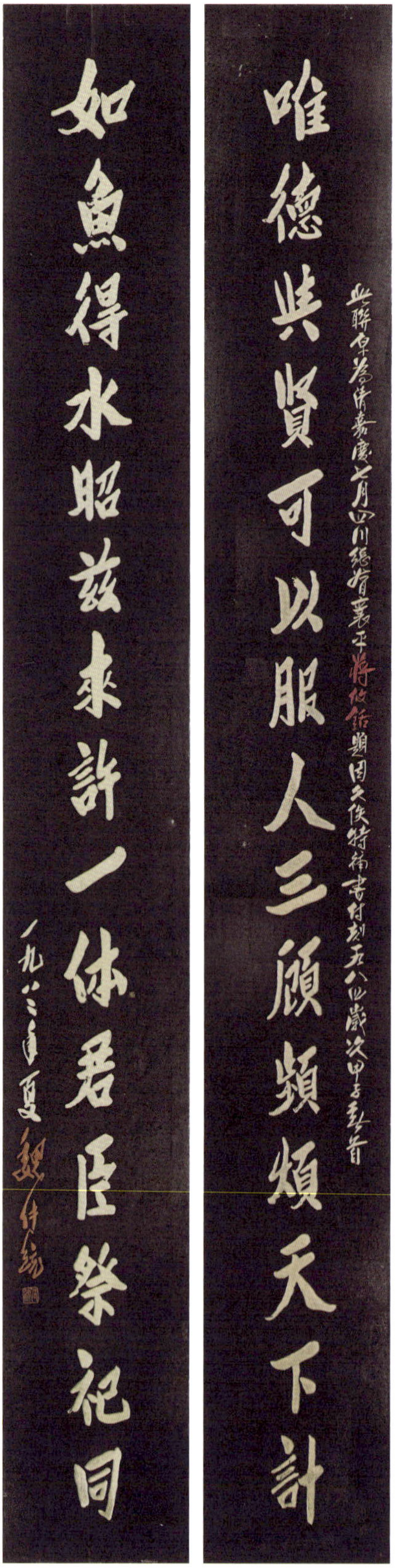

◎ 注释

① 唯德与贤，可以服人：唯，只有；德，即道德、品德；贤，德行、才能。意思是只有品德高尚、贤明的人，才能令人信服。此句是化用刘备的话，《三国志·先主传》载《诸葛亮集》："勿以恶小而为之，勿以善小而不为。惟贤惟德，能服于人。"这是刘备临终前对儿子刘禅的嘱托。

② 三顾频烦天下计：出自杜甫诗《蜀相》："丞相祠堂何处寻，锦官城外柏森森。映阶碧草自春色，隔叶黄鹂空好音。三顾频烦天下计，两朝开济老臣心。出师未捷身先死，长使英雄泪满襟。"频烦，即频繁、多次。

③ 如鱼得水：原义是像鱼得到水一样，比喻遇到跟自己最相投合的人或最合适的环境，也比喻有所依靠。刘备曾说"孤之有孔明，犹鱼之有水也"。

④ 昭兹来许：语出《诗经·大雅·下武》："昭兹来许，绳其祖武。"昭，彰明、显示；兹，此、这；来，后世；许，进也。来许指后进、后辈。

⑤ 一体君臣祭祀同：出自杜甫诗《咏怀古迹五首》（其四）："蜀主窥吴幸三峡，崩年亦在永安宫。翠华想像空山里，玉殿虚无野寺中。古庙杉松巢水鹤，岁时伏腊走村翁。武侯祠屋常邻近，一体君臣祭祀同。"一体，关系密切或协调一致，犹如一个整体。

⑥ 嘉庆七月：应为清嘉庆二十五年（1820年）农历七月。

⑦ 四川总督：正式官衔为总督四川等处地方提督军务、粮饷兼巡抚事，驻地为成都，是清朝九位最高级的封疆大臣之一，总管四川省的军民政务，从一品。清顺治十四年（1657年），停止陕西总督兼辖四川，专置四川总督于成都。康熙七年（1668年），四川总督更名为川湖总督，驻地迁往荆州，辖四川、湖北、湖南。雍正九年（1731年），复置四川总督于成都。乾隆十三年（1748年），以金川用兵，始定为专缺，兼管四川巡抚事。乾隆二十五年（1760年），陕西不再归川督管辖，至此四川总督成为定制。

◎ 译文

只有品德高尚、贤明的人，方可使人心悦诚服，刘备真诚地三顾茅庐，可谓频繁，就是以其德和贤，求得了诸葛亮安邦定国的天下大计；刘备有诸葛亮的出山辅佐，如鱼得水，他们关系亲密不可分，成为君臣典范昭示后世，千年之后他们仍上下一堂享受人们的祭祀。

◎ 位置

二门

◎ 背景

清代潘时彤著《昭烈忠武陵庙志》记载，此联撰于清嘉庆庚辰（1820年）秋七月，由四川总督蒋攸铦所题，悬挂于诸葛亮殿。后久佚。1982年5月，中国书法家协会理事会在成都召开期间，张爱萍、舒同、魏传统参观成都武侯祠，魏传统补书此联，1984年春成都武侯祠付刻悬挂于二门。

延伸

“如鱼得水”最早出自秦代李斯《用笔法》：“如游鱼得水，景山兴云，或卷或舒，乍轻乍重。”而最出名的典故出自西晋陈寿《三国志·诸葛亮传》：“于是与亮情好日密。关羽、张飞等不悦，先主解之曰：‘孤之有孔明，犹鱼之有水也。愿诸君勿复言。’羽、飞乃止。”刘备认为，他得到诸葛亮辅佐，就像鱼得到了水。后人根据以上典故总结出“如鱼得水”，常比喻明君需有贤能之才辅佐方能治理好天下，而贤能之才也只有为英明的君王效力方能人尽其才。

◎ 作者简介

蒋攸铦（1766—1830年），字颖芳，号砺堂，辽东襄平（今辽宁省辽阳市）人，隶汉军镶红旗。清乾隆四十九年（1784年）进士。历任云南布政使、江苏巡抚、两广总督等职。嘉庆二十二年（1817年）任四川总督，惩治骄兵，禁止苛捐杂税，重视教育，稳定和发展经济，维护社会安定。后调任刑部尚书。道光十年（1830年），因病回家休养。十月，病逝于赴职途中，谥“文勤”。

魏传统，见第22页。

◎ 匾额

文华①辅国②

◎ 款识

费新我

钤印：费新我印

◎ 注释

① 文华：指文章的华采或才华、文才，也指有才华的人。

② 辅国：辅助治理国家。

◎ 译文

这里的文臣都是文人中的精英、辅国重臣。

◎ 位置

文华廊

◎ 匾额

武雄①知兵②

◎ 款识

费新我

钤印：费新我印

◎ 注释

① 武雄：擅武的英雄、武将。

② 知兵：通晓军事。

◎ 译文

这里的武将都是英雄，并懂得带兵打仗。

◎ 位置

武英廊

延伸

从唐代官员武少仪《诸葛丞相庙》诗句“执简焚香入庙门，武侯神像俨如存”中可知，成都武侯祠至迟在唐代就有诸葛亮塑像。明代，蜀献王朱椿将诸葛亮像移入汉昭烈庙中，考之文献，当时的塑像有刘备、关羽、张飞、诸葛亮、诸葛瞻、诸葛尚、刘谌、傅佥。清代康熙、乾隆、道光几朝均对成都武侯祠塑像进行重塑、增塑、调整。从道光二十九年（1849年）至今，东、西两庑（今文华廊和武英廊）塑有的28尊蜀汉文武官员像再没有变动。东庑文华廊14尊，由北向南分别是庞统、简雍、吕凯、傅彤、费祎、董和、邓芝、陈震、蒋琬、董允、秦宓、杨洪、马良、程畿像；西庑武英廊14尊，由北至南分别是赵云、孙乾、张翼、马超、王平、姜维、黄忠、廖化、向宠、傅佥、马忠、张嶷、张南、冯习像。每尊塑像旁立石碑，刻写人物的生平。成都武侯祠现存47尊清代塑像，除6名无名侍者以及演义虚构人物周仓外，其余40尊均为三国历史人物。这批清代塑像均为木架泥塑彩绘，多以清代戏曲人物造型为依据，是全国现存三国文化遗存中所塑三国人物像数量最多的塑像群，也是全国各类古代庙宇人物塑像中真实历史人物数量最多的塑像群，构成成都武侯祠最具历史价值和最具文化品牌价值的特色文物。

◎ 作者简介

费新我（1903—1992年），学名斯恩，初字省吾，号立斋，笔名立千，浙江吴兴（今湖州市）人，久居苏州。曾任江苏省文学艺术界联合会委员、江苏省国画院艺术委员会委员、中国书法家协会理事、江苏省书法家协会副主席等。绘画以反映现代题材的新国画、肖像画见长。因身体原因改左手练书法，真、草、隶、篆俱能，尤以行草见长。1982年5月10日，他与中国书法家协会副主席朱丹、李长路等参观成都武侯祠，现场书写中堂、楹联、匾额等。

武雄知兵

同治七年歲次戊辰孟夏月
業紹高光
成都將軍兼署四川總督完顏崇實敬書

◎ **匾额**

业①绍②高光③

◎ **款识**

同治七年④岁次戊辰孟夏⑤月

成都将军⑥兼署四川总督完颜崇实敬书

钤印：完颜崇实　庚戌翰林

◎ 注释

①业：基业，功业。

②绍：继承。

③高光：西汉高祖刘邦和东汉光武帝刘秀。

④同治七年：1868年。

⑤孟夏：初夏，农历四月。

⑥成都将军：全称为镇守成都等处地方将军，武职从一品，于清乾隆四十一年（1776年）平定金川之役后特设，也是清朝设置的最后一处驻防将军。初议驻扎打箭炉，后改议驻扎雅州（今四川省雅安市）。又因成都与雅州相距较远，将军、总督两地相差甚远，遇紧要情况不能即刻商榷；同时，雅州地方地势狭隘曲折，满兵难于兼顾，故令将军移驻成都，而命提督移驻雅州。

◎ 译文

刘备继承了高祖刘邦和光武帝刘秀开创的基业。

◎ 位置

刘备殿

◎ 作者简介

完颜崇实，见第20页。

使君為天下英雄正統攸歸王氣鍾樓桑車蓋
同治七年歲次戊辰四月
巴蜀系漢朝終始遺民猶在霸圖餘古柏祠堂
成都將軍兼署四川總督完顏崇實撰并書

◎楹联

使君①为天下英雄，正统攸归②，王气③钟④楼桑车盖⑤；

巴蜀⑥系汉朝终始⑦，遗民犹在⑧，霸图⑨余古柏祠堂。

◎款识

同治七年岁次戊辰四月

成都将军兼署四川总督完颜崇实撰并书

◎ 注释

①使君：汉代习称州刺史、州牧为使君，习称郡太守为府君。《三国志·先主传》载，曹操对刘备说："今天下英雄，唯使君与操耳！"刘备当时为豫州牧，故曹操称之使君。这里是化用曹操的话。

②攸归：所归属的。

③王气：旧指象征帝王运数的祥瑞之气。

④钟：聚集。

⑤楼桑车盖：刘备故里在今河北省涿州市。《三国志·先主传》载，刘备幼时，其家东南角有一株桑树高达五丈，顶端有茂盛的树冠，远望如皇帝出巡时的车盖，人们说此树非凡，刘家当出贵人。刘备与诸小儿在树下玩耍时说："吾必当乘此羽葆盖车。"表明了今后必当有所作为的志向。

⑥巴蜀：包括今四川与重庆。秦汉时，秦岭以南的汉中也属于蜀地。

⑦汉朝终始：此处汉朝指西汉、东汉和蜀汉。刘邦以汉中王夺天下，于是汉朝在蜀地肇始。蜀汉是两汉的延伸，也称季汉。蜀汉景耀六年（263年），刘禅在成都投降，汉朝于蜀地终结。

⑧遗民犹在：遗民指后裔，此亦指汉朝精神还留传在巴蜀大地。

⑨霸图：即霸业、王业，指建立国家。

◎ 译文

刘备是天下少见的英雄人物，也是汉王朝的正统所归，帝王之气早就聚集在他家乡那如车盖的高大桑树上；巴蜀是汉朝开国和结束的地方，后裔尚在，刘备的宏图霸业虽已成为过去，却留下了古柏森森的祠堂供人们瞻仰和祭拜。

◎ 位置

刘备殿

◎ 作者简介

完颜崇实，见第20页。

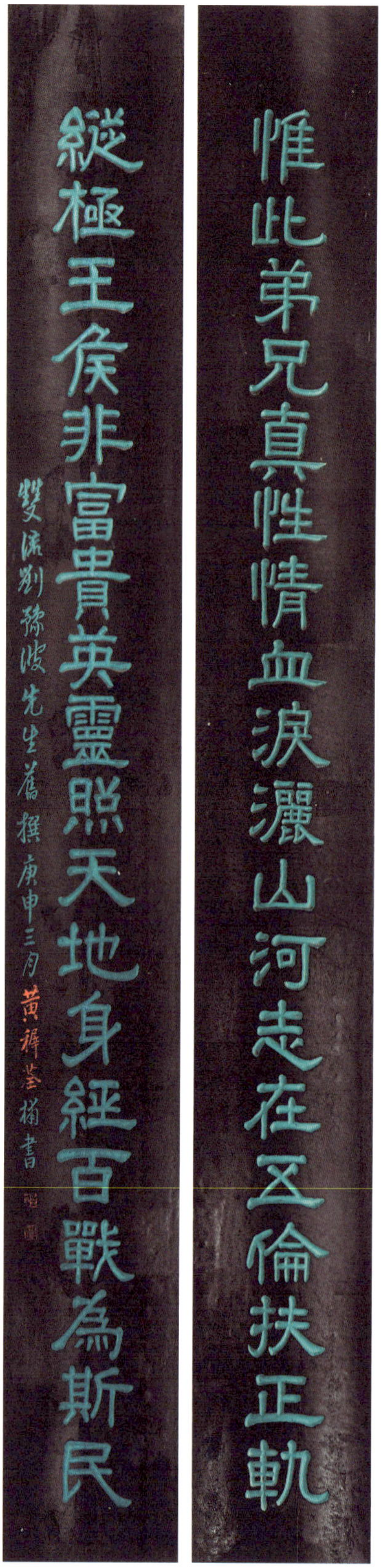

◎ **楹联**

惟此①弟兄②真性情③，血泪④洒山河，志在五伦⑤扶正轨⑥；
纵极王侯非富贵，英灵⑦照天地，身经百战为斯民⑧。

◎ **款识**

双流刘豫波先生旧撰
庚申⑨三月黄稚荃补书
钤印：黄稚荃　杜邻

◎ 注释

①惟此：只有这。

②弟兄：此指刘备、关羽、张飞。

③性情：人的禀赋与气质。

④血泪：一般指极度悲痛流的泪。

⑤五伦：伦，即人伦，就是人与人之间的道德关系。“五伦”是古代中国社会基本的五种人伦关系和言行准则，即君臣、父子、兄弟、夫妇、朋友五种关系，以忠、孝、悌、忍、善为处理关系的言行准则。

⑥正轨：正规、正常的法度。此“扶正轨”指刘、关、张立志兴复汉室。

⑦英灵：英魂，对死者的美称。

⑧斯民：指老百姓，出自《孟子·万章上》：“予将以斯道觉斯民也。”

⑨庚申：1980年。

◎ 译文

只有刘、关、张三兄弟具有真性情，他们将血泪抛洒在华夏大地上，是为了扶持“五伦”正轨，恢复人伦纲常，恢复社会的正常秩序；即使位至王侯也不是为了自身的荣华富贵，纵使身死，其英魂也如同日月般朗照天地，他们身经百战是为了天下的老百姓。

◎ 位置

刘备殿

延伸

《孟子·滕文公上》载，上古时候，人们“逸居而无教，则近于禽兽”，圣人“使契为司徒，教以人伦：父子有亲，君臣有义，夫妇有别，长幼有序，朋友有信”。孟子认为：君臣之间有礼义之道，故应忠；父子之间有尊卑之序，故应孝；兄弟手足之间乃骨肉至亲，故应悌；夫妻之间挚爱而又内外有别，故应忍；朋友之间有诚信之德，故应善。这是处理人与人之间伦理关系的道理和行为准则。人伦中的双方都要遵守一定的“规矩”，即“父子有亲，君臣有义，夫妇有别，长幼有序，朋友有信”。“五伦”之间的亲敬关系，正是“亲、义、别、序、信”这五种，自然而然形成了人与人之间的伦理规则，构成了整个古代中国世界的人伦关系。后来人们又用“五常”——“仁、义、礼、智、信”对应“五伦”。刘、关、张三人的行为正符合人们推崇的“五常”，如刘备的仁惠、关羽的义、张飞的诚信等。

◎ 作者简介

刘豫波，即刘咸荥，见第47页。

黄稚荃（1908—1993年），又名黄先泽，笔名杜邻，四川江安人。1930年毕业于成都高等师范学校，次年考取北平师范大学研究生院，师从著名学者、诗人黄节研究中国古代文学。先后在四川大学文学院、西南师范学院等任教，曾任四川省诗书画院顾问、四川省诗词学会名誉会长、四川省文史研究馆特约馆员等职。著有《杜诗札记》《李清照著作十论》《杜邻存稿》等。工诗书画，被誉为“诗书画三绝的蜀中才女”。此联原为刘咸荥撰写，1980年黄稚荃补书。

◎楹联

生不视①强寇②西来，天意③茫茫④，伤心恸⑤洒河山泪；

死好见先皇⑥地下，英姿凛凛⑦，放眼⑧早空南北人⑨。

◎款识

此联为双流刘豫波先生四十年前所撰书，解放前因兵乱遗失，兹特补书刻成，仍悬龛侧。

一九六三年八月谨识，刘东父书于成都。

钤印：刘　刘东父

◎ 注释

①视：看见。

②强寇：强大的敌寇。

③天意：上天的意旨。

④茫茫：广大而辽阔。

⑤恸：极其悲痛。

⑥先皇：指刘备。

⑦英姿凛凛：英俊威武的神态，使人敬畏。

⑧放眼：纵目，放开视野。

⑨南北人：东西南北之人。

◎ 译文

活着不愿看见强敌灭国，但天意如此，无可奈何，只能为江山沦亡伤心恸哭；刘谌殉国而死，好去地下见先帝刘备，他的英姿勃勃、大义凛然，放眼四看，没有谁能如此壮烈。

◎ 位置

刘备殿刘谌像两侧

◎ 背景

刘东父曾祖刘沅为蜀中著名学者，祖父刘桂文为清代进士，外祖父李汝南为清代翰林院编修，父辈的刘咸荥（即刘豫波）、刘咸炘等均为著名学者，家学渊源。此联原为刘咸荥先生20世纪20年代撰书，因兵乱遗失。刘东父补书于1963年8月，付刻之后仍然悬挂于刘谌像壁龛两侧。联文赞美了刘谌英勇殉国的壮烈精神。

延伸

成都武侯祠刘备塑像后东侧是其孙刘谌塑像。刘谌是后主刘禅第五子，蜀汉景耀二年（259年）被封北地王。景耀六年（263年）冬，邓艾率领魏军袭入蜀汉，在绵竹（大致在今四川省德阳市罗江区）击败诸葛瞻，直入蜀汉腹地。刘禅准备采纳谯周的建议投降曹魏，刘谌坚决反对，认为即便无力抵抗魏军，亡国之祸难以避免，也应当以死殉国，“便当父子君臣背城一战，同死社稷，以见先帝可也”。刘禅不听，坚决献出玺绶向魏军投降。于是，刘谌在刘禅投降之日，到昭烈原庙中向先帝痛哭一番后，“先杀妻子，而后自杀，左右无不为涕泣者”。刘谌誓与国家共存亡的刚烈，从儒学的角度看，符合忠、孝、节、义的道德价值，一直为后世推崇和景仰。他壮烈殉国的事迹也被广泛传颂并改编成戏剧，如京剧、川剧中《杀家告庙》《哭祖庙》等剧目。明代成都武侯祠中已经塑有刘谌像。清康熙十至十一年（1671—1672年）成都武侯祠恢复重建时，将刘谌像塑于东庑文华廊的中间，表示尊位。乾隆五十三年（1788年），刘谌像被移塑于刘备殿的东次间，刘备塑像后东侧，延续至今。

◎ 作者简介

刘豫波，即刘咸荥，见第47页。

刘东父（1902—1980年），名恒壁，字东父，号旷翁、乐无居士等，成都双流人。曾任《济川公报》总编辑、《川康通讯》社社长、《国难三日刊》社长、川康绥靖公署秘书处长等职。1947年退职回家，鬻字为生。1954年被聘为四川省文史研究馆馆员，后任四川省政协委员、四川省政协文史资料委员会委员。长期从事文史资料的搜集整理工作和诗书画创作，文史诗词皆有著述。精于书法，各体兼擅，尤长正书和行草。著有《刘东父书洛神赋》《旷翁诗抄》《旷翁书画》等。

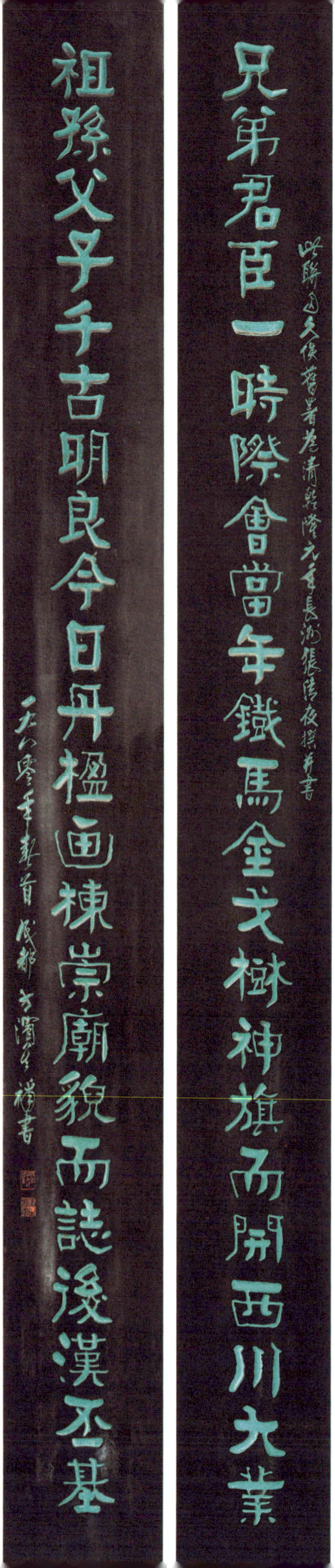

◎ **楹联**

兄弟君臣一时际会①，当年铁马金戈②，树神旗③而开西川大业④；

祖孙父子千古明良，今日丹楹画栋⑤，崇庙貌而志后汉丕基⑥。

◎ **款识**

此联因久佚，旧署为清乾隆元年⑦长洲张清夜撰并书。

一九八零年春首，成都方滨生补书。

钤印：滨生书画　锦官城外听琴居

◎ 注释

① 际会：会合，聚会。

② 铁马金戈：比喻战争，也形容战士、武将持枪驰马的雄姿。

③ 神旗：帅旗。

④ 西川大业：指建立蜀汉。

⑤ 丹楹画栋：丹楹，红色的楹柱；画栋，彩绘的房梁。

⑥ 丕基：宏大的基业。

⑦ 乾隆元年：1736年。

◎ 译文

刘、关、张兄弟君臣当年风云聚会，统率威武雄壮的军队，驰骋沙场，树立起兴复汉室正统的大旗，在巴蜀建立了蜀汉政权；刘备祖孙、关羽父子、张飞祖孙三代，都贤明忠良、千古流芳，今日祠庙巍峨、雕梁画栋，纪念蜀汉恢复东汉以来的恢宏基业。

◎ 位置

刘备殿

延伸

《昭烈忠武陵庙志》卷二记载："陵庙住持，前明原属羽士。国朝乾隆五十三年，培修陵庙，见残碑载有刘复诚者，而其详不可考。又据康熙七年巡抚张德地檄成都太守冀应熊重修陵庙碑记，有'饬守僧戒樵牧'之语，则其时又属释子。"可见，至清康熙年间，成都武侯祠由僧人看守。雍正七年（1729年），经成都官员和乡绅推举、有关衙门同意，道人张清夜成为成都武侯祠住持。

此后，成都武侯祠均由道人看守，负责日常事务。乾隆九年（1744年），张清夜将住持传付徒孙唐复雄。乾隆四十一年（1776年），唐复雄传付其徒徐本衷。嘉庆四年（1799年），徐本衷传付其徒黄合范（后更名黄合初）。仅仅一年，黄合初厌烦事务繁巨，嘉庆五年（1800年）冬，以庙事传付其师兄裴合杭。嘉庆九年（1804年），裴合杭传付黄合初之徒倪教和。嘉庆十八年（1813年），倪教和传付裴合杭之徒罗教恕。至嘉庆二十一年（1816年），罗教恕传付其师叔张合桂。张合桂之后，道士传承没有文字记载。清代至民国，道士为成都武侯祠的维修和保护，做了很大贡献。

◎ 作者简介

张清夜（1676—1763年），字子还，号自牧道人，最初名张尊，长洲（在今江苏省苏州市）人。博学多才，尤工于诗，书法学颜鲁公，是当时名士。在武当山拜师入道，更名清夜。清雍正元年（1723年）入川，先后在成都临江寺、惜字宫寓居。在当地官员和乡绅的推举下，雍正七年（1729年）成为成都武侯祠住持。住持期间，对陵庙进行一系列维护。清代潘时彤《昭烈忠武陵庙志》有传，并录其诗6首，戒、说、赞、铭、序、跋各1篇。其留存于成都武侯祠的遗迹现有二：作跋的《重摹古柏行石碑》，以及《汉平襄侯姜公碑记》。

方滨生（1913—2008年），四川大足（今重庆市大足区）人。先后在内江贸易公司、川西叶卷烟厂、成都市美术服务社工作，1974年调入成都武侯祠。善书法，所书《泰山金刚经》曾得张大千首肯，成都武侯祠及成都周边景区均有墨迹留存。此联原是清乾隆元年（1736年）张清夜撰并书，因年久佚失。1980年初，由方滨生补书。

業紹高光

◎匾额

义①薄②云天③

◎注释

①义：符合正义或道德规范。是儒家倡导的“五常”美德之一。

②薄：迫近，靠近。

③云天：指高空。“义薄云天”常用来形容某个人品格非常，正义之气直上高空，或者形容为正义而斗争的精神极其崇高。出自南朝沈约《宋书·谢灵运传》：“屈平、宋玉，导清源于前，贾谊、相如，振芳尘于后，英辞润金石，高义薄云天。”

◎ 译文

关羽的义气高入云霄。

◎ 位置

刘备殿东配殿——关羽殿

延伸

在我国漫长的历史中，关羽是公认的“义”的最高典范和楷模。因其忠勇仁义的形象，关羽在后世逐渐被神化，被民间尊为“关公”，又被称为“武财神”。各朝皇帝都以关羽为忠义化身，教育民众忠君爱国，故历代朝廷多有褒封。北宋崇宁元年（1102年）追封忠惠公，后大观二年（1108年）又封武安王，宣和五年（1123年）封义勇武安王。南宋建炎二年（1128年）封壮缪义勇武安王，后淳熙十四年（1187年）封壮缪义勇武安英济王。元天历元年（1328年）封显灵义勇武安英济王。明万历十八年（1590年）封协天护国忠义帝，后万历四十二年（1614年）加封三界伏魔大帝神威远震天尊关圣帝君。清顺治元年（1644年）封忠义神武关圣大帝，后封忠义神武灵佑仁勇威显关圣大帝。光绪五年（1879年）的封号最长，为忠义神武灵佑仁勇威显护国保民精诚绥靖翊赞宣德关圣大帝。成都武侯祠关羽殿正中塑关羽像，东西两侧塑关平、赵累像和关兴、周仓像陪祀。关羽作帝王装扮，塑于乾隆五十三年（1788年）。

◎ 匾额

诚①贯②金石③

◎ 注释

①诚：忠诚，精诚。诚者，信也，为儒家倡导的“五常”美德之一。

②贯：穿透。

③金石：金属和石头，比喻坚固的事物。

◎ 译文

张飞的诚信能贯穿金石。

◎ 位置

刘备殿西配殿——张飞殿

延伸

清康熙十至十一年（1671—1672年），成都武侯祠恢复重建，作为首批陪祀塑像，张飞塑像被安排在西庑的中部位置。当时两庑以中部位置为尊。乾隆五十三年（1788年）到道光七年（1827年）间，刘谌像从刘备殿的边间移到东北角，张飞升祀到原刘谌所在的边间位置，即今天的西配殿。至此，形成了刘、关、张共祀一殿的格局。道光二十九年（1849年），刘沅调整武侯祠塑像，重塑了张飞像。刘沅所塑张飞一身金色蟒袍，两手相握于右腹前，身体微微向后仰，双目炯炯望向远方，神情肃然，展现出张飞公正庄重、豪气冲天的形象。现成都武侯祠张飞殿正中塑张飞像，东、西两侧塑其子张苞、其孙张遵像陪祀，张苞像和张遵像是道光二十九年新塑。

◎ 作者简介

刘咸炘（1896—1932年），字鉴泉，别号宥斋。祖父刘沅、父亲刘枫文均为蜀中知名学者。五六岁时，先后从兄刘咸荥和父亲学习。九岁时，更加笃学好问，每天读书达数十册。善书法，尤精篆、隶。先后任敬业学院哲学系主任，成都大学、四川大学教授。虽英年早逝，但一生著述颇丰，已成书的共计236部、475卷，总名《推十书》。据成都武侯祠博物馆老职工回忆证实，关羽殿、张飞殿匾额为刘咸炘所书。

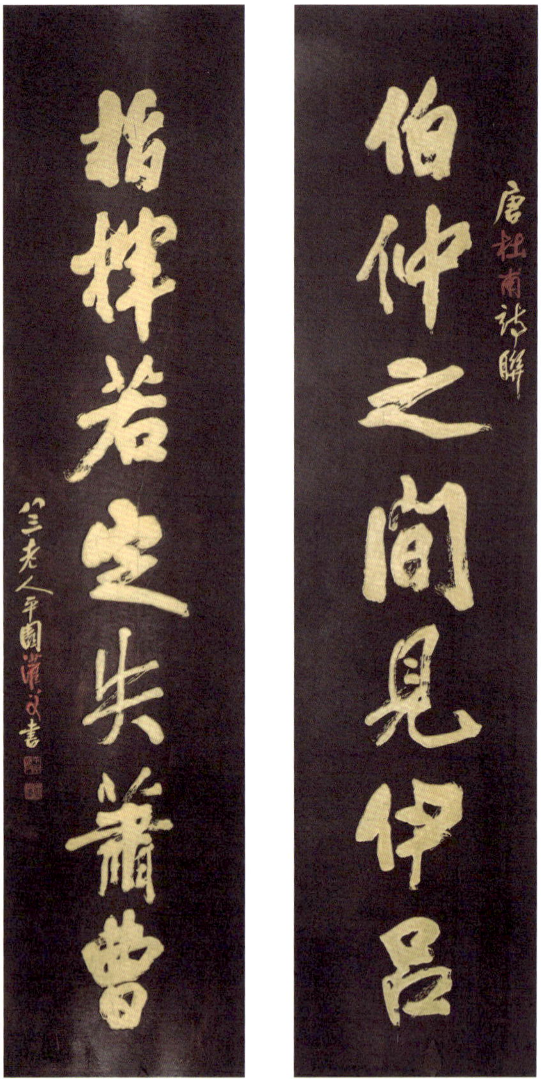

◎楹联

伯仲之间①见伊②吕③；
指挥若定失萧④曹⑤。

◎款识

唐杜甫诗联⑥
八三老人平园灌父书
钤印：平园灌父　长乐永康

◎ 注释

①伯仲之间：古人以伯、仲、叔、季表示兄弟间的顺序，伯仲指兄弟之间的老大和老二。常用于形容不相上下，难分优劣高低。

②伊：伊尹，又名伊挚，夏末有莘国人，商朝开国元勋，辅佐成汤灭夏桀，建立商朝。担任尹（地位较高的官职，大致相当于秦朝时期的丞相），历成汤、外丙、仲壬、太甲、沃丁五代商君，被尊为“阿衡”。他担任尹时，积极整顿吏治，推动经济繁荣，政治清明。

③吕：吕尚。姓姜，名尚，字子牙。先祖曾封于吕，故以吕为氏，又称“吕尚”。商周之际杰出的政治家、军事家，是西周文、武、成王三代的主要政治、军事宰辅，为西周王朝的建立和巩固立下卓著功勋，也是春秋战国时代齐国的开国始祖。伊尹助汤灭夏，吕尚辅佐武王灭商，皆有大功，后世并称伊吕，泛指辅弼重臣。

④萧：萧何。西汉开国功臣、政治家，“汉初三杰”之一。早年担任沛县主吏掾，后辅佐刘邦起义。西汉建立后，担任相国，史称“萧相国”，封酂侯，名列功臣第一。他采摭秦朝六法，制定实施《九章律》。主张无为而治，采用黄老之术，休养生息。汉高帝十一年（前196年），协助刘邦灭韩信、英布等异姓诸侯王。汉惠帝二年（前193年）去世，谥号“文终”。

⑤曹：曹参。字敬伯，泗水郡沛县（今江苏省徐州市沛县）人。西汉开国功臣、军事家、政治家。刘邦定都长安后，论功行赏，功居第二，赐爵平阳侯。汉惠帝时，继任萧何为相国，史称“曹相国”。秉承“萧规曹随，休养生息”，为文景之治奠定了良好基础。汉惠帝六年（前189年）去世，谥号“懿”。

⑥杜甫诗联：此联摘自杜甫诗《咏怀古迹五首》（其五）："诸葛大名垂宇宙，宗臣遗像肃清高。三分割据纡筹策，万古云霄一羽毛。伯仲之间见伊吕，指挥若定失萧曹。运移汉祚终难复，志决身歼军务劳。"该诗赞颂了诸葛亮的治世之才、伟绩功勋，并对他壮志未酬表示了深切的遗憾，抒发了自身的感慨和悲哀。

◎ 译文

诸葛亮的功勋、才干与伊尹、吕尚不相上下，他指挥调度时胸有韬略、镇定从容，即使是萧何、曹参也显得逊色。

◎ 位置

刘备殿

◎ 作者简介

冯灌父（1884—1969年），名骧，号平园，四川广汉人。1913年毕业于北洋陆军讲武堂，历任四川督办署参事、川军21军参谋、云阳县长等职。1952年应聘为四川省文史研究馆馆员。画作尤擅山水、人物、花鸟，张大千曾说："烟云烘染，人物线条，自愧不如灌父。"亦工书法，作品极富动感，给人以率性天成之美。除此联外，成都武侯祠博物馆还藏有他绘的《诸葛亮像》画轴作品。

武侯祠

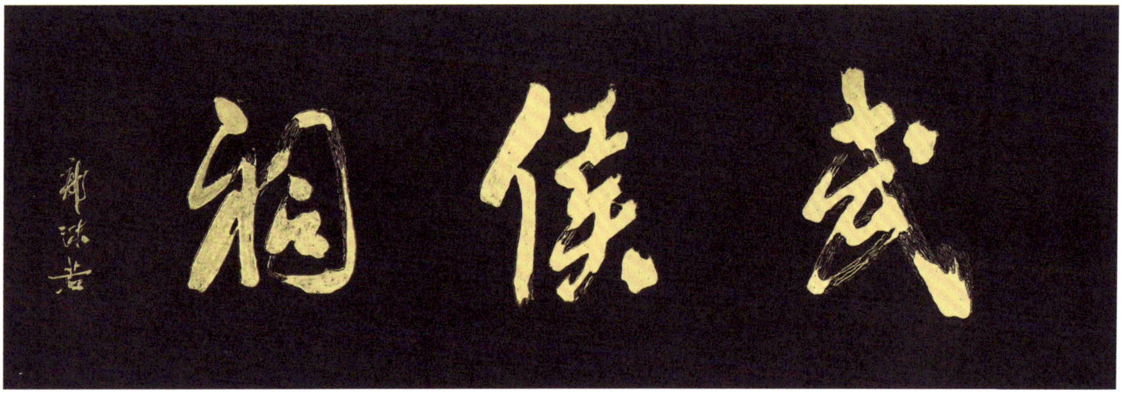

◎ **匾额**

武侯①祠②

◎ **款识**

郭沫若

◎ **注释**

① 武侯：蜀汉建兴元年（223年）诸葛亮受封“武乡侯”，建兴十二年（234年）病逝，谥“忠武侯”。《逸周书·谥法解》：“危身奉上曰忠”，“刚强理直曰武，威强睿德曰武，克定祸乱曰武，刑民克服曰武”，“执应八方曰侯”。古时按礼仪，对尊者、长者只能称字、称号、称职务，后人常将爵位与谥号结合称呼，以示尊敬。诸葛亮的封爵和谥号都带“武”和“侯”字，人们为表示敬仰，简称为“武侯”。

② 祠：奉祀祖先或先贤的庙堂。

◎ 译文

祭祀忠武侯诸葛亮的祠堂。

◎ 位置

过厅

◎ 背景

1966年5月2日，郭沫若与夫人于立群参观成都武侯祠。当郭沫若看到祠里的热闹情景，诗兴大发，填《西江月》词一首："暂憩武侯祠畔，黄花白蝶满园。当年军阀闹频繁，而今换了人间。昨日才过五一，游人万万千千。赤巾系颈多少年，期望红色接班。"又手书"成都武侯祠文物陈列室"横额。于立群也为成都武侯祠书录毛泽东诗一首。

◎ 作者简介

郭沫若（1892—1978年），幼时名文豹，原名开贞，字鼎堂，号尚武，中国新诗的奠基人之一，古文字学家、历史学家、考古学家、社会活动家，"甲骨四堂"之一，第一届中央研究院院士。1926年参加北伐，1927年加入中国共产党。1949年任政务院副总理、中国科学院院长，1953年当选中国文学艺术界联合会主席，1958年兼任中国科学技术大学校长。著有《中国古代社会研究》《甲骨文字研究》等。其全部作品编成《郭沫若全集》，共38卷。

武侯祠
一番晤對古今情
日暮如聞梁父吟
一對足千秋
兩表酬三顧
時艱每念出師表

延伸

后人习惯尊称诸葛亮为“忠武侯”或“武侯”，故纪念诸葛亮的祠庙多被称为“武侯祠”，也有部分称“孔明庙”“丞相祠”“诸葛亮庙”等。

历史上第一座武侯祠建于蜀汉景耀六年（263年），诸葛亮去世后29年，此前蜀中百姓只能私祭于道路。《三国志·诸葛亮传》裴松之注引《襄阳记》：“亮初亡，所在各求为立庙，朝议以礼秩不听，百姓遂因时节私祭于道陌上。”景耀六年春，蜀汉亡国前，后主刘禅下诏在勉县定军山下武侯墓旁修建武侯祠，这就是勉县武侯祠。此后，全国各地陆续兴建过数百座武侯祠。据不完全统计，四川历史上曾经有过约30座武侯祠，分布在20余个市、县。成都历史上曾有武侯祠7座，年代最早的位于成都少城内，建于李雄据蜀之时（303—334年），名“孔明庙”。如今，全国现存的具有一定规模的武侯祠有20余座，主要包括成都武侯祠、勉县武侯祠、祁山武侯祠、五丈原诸葛亮庙、隆中武侯祠、南阳武侯祠、白帝城武侯祠、保山武侯祠等。

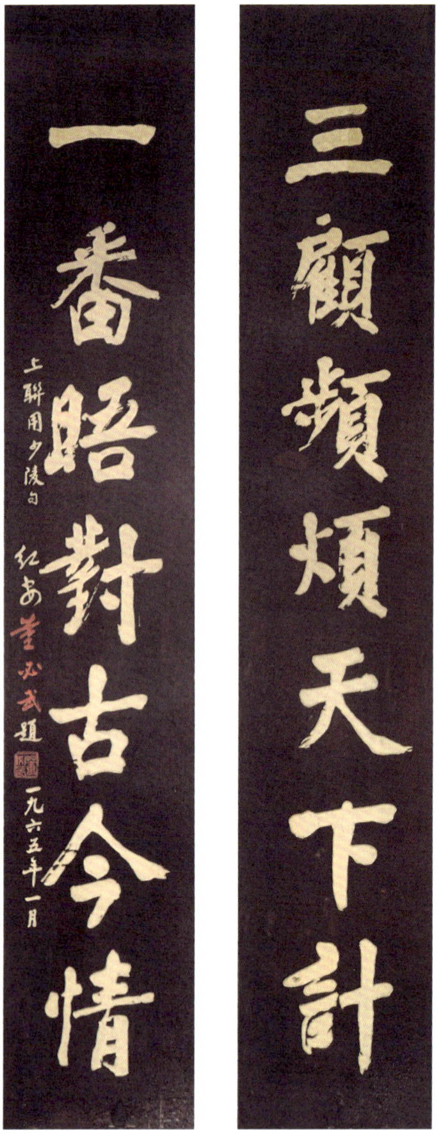
三顧頻煩天下計
一番晤對古今情
上聯用少陵句
红安董必武題
一九六五年一月

◎**楹联**

三顾①频烦天下计；

一番晤对②古今情。

◎**款识**

上联用少陵句③，红安董必武题，一九六五年一月。

钤印：董必武

◎ 注释

①三顾："三顾茅庐"，东汉建安十二年（207年），刘备曾三次专程去襄阳隆中登门求见诸葛亮，请他出山辅佐。

②晤对：会面交谈。

③少陵句：少陵，即杜甫，自号少陵野老。"三顾频烦天下计"，出自杜甫的《蜀相》。

◎ 译文

刘备为向诸葛亮请教平定天下的大计，三顾茅庐；二人会面交谈后结下的情谊，古今传为美谈。

◎ 位置

过厅

◎ 背景

1958年，中共中央成都会议期间，毛泽东、刘少奇、董必武等老一辈无产阶级革命家相继参观成都武侯祠。1965年4月7日，国家副主席董必武和夫人何连芝再次参观成都武侯祠。董必武是湖北人，对诸葛亮年轻时隐居的湖北隆中很熟悉，并有着浓厚的乡土感情，曾为隆中武侯祠撰写楹联"诸葛大名垂宇宙；隆中胜迹永清幽"。到成都武侯祠的两次参观，激发了董必武的怀古幽情，他以古鉴今，赋诗一首，题为《游武侯祠》："武侯祠宇在，瞻仰致微忱。淡泊缘情热，勤劬独意深。苍鹰神凛凛，翠柏气森森。时代将人限，徒为梁甫吟。"

◎ 作者简介

董必武（1886—1975年），湖北黄安（今黄冈市红安县）人，中国共产党的创始人之一，中华人民共和国重要领导人之一。原名董贤琮，又名董用威，字洁畲，号壁伍。1911年参加辛亥革命，1921年参加中国共产党第一次全国代表大会。中华人民共和国成立后，曾任政务院副总理、最高人民法院院长、政协全国委员会副主席、中华人民共和国副主席等职务。

◎ 楹联

志见出师表①；

好为梁父吟②。

◎ 款识

一九六四年春首

郭沫若

钤印：郭沫若

◎ 注释

①出师表：诸葛亮于蜀汉建兴五年（227年）率军北伐前给后主刘禅上的奏章。奏章以议论为主，兼用记叙和抒情。表文以恳切的言辞，劝说后主刘禅要继承先帝遗志，广开言路，严明赏罚，亲贤臣，远小人，完成兴复汉室的大业，表达了诸葛亮报答先帝知遇之恩的真挚感情和北定中原的决心。

②梁父吟：一种古乐府曲调，属葬歌类。今所传古辞，写齐相晏婴以二桃杀三士。又作“梁甫吟”，乐府楚调曲名，相传为诸葛亮所作。梁父，即梁甫，山名，在泰山下。《三国志·诸葛亮传》：“亮躬耕陇亩，好为《梁父吟》。”《乐府诗集》卷四十一载有题名为诸葛亮的《梁父吟》歌词一首：“步出齐东门，遥望荡阴里。里中有三墓，累累正相似。问是谁家墓？田疆古冶子。力能排南山，文能绝地纪，一朝被谗言，二桃杀三士。谁能为此谋，国相齐晏子。”

◎ 译文

诸葛亮的志向、抱负都体现于《出师表》中；隐居隆中时他就喜好吟诵《梁父吟》。

◎ 位置

过厅

延伸

《出师表》习称为前《出师表》。后《出师表》，一般被认为是诸葛亮的作品，是《出师表》的姊妹篇。文章立论于汉、贼不两立和敌强我弱的严峻现实，向蜀汉后主刘禅阐明北伐不仅是为实现先帝的遗愿，也关系到蜀汉的生死存亡，不能因“议者”的不同看法而有所动摇。全文以议论见长，传达出一股忠贞壮烈之气。陈寿的《三国志》没有收录后《出师表》，裴松之注《三国志》时，引用《汉晋春秋》中后《出师表》的相关内容，提到后《出师表》并未收录在《诸葛亮文集》之中，而是载于三国时期吴国张俨的《默记》，所以有学者认为后《出师表》是吴国人张俨托诸葛亮名而作。

◎ 作者简介

郭沫若，见第79页。此联上联为郭沫若撰，下联为《三国志·诸葛亮传》中原句。

◎匾额

先主武侯同𬮱①宫

◎款识

同治戊辰②春仲③

崇实敬书

钤印：完颜崇实　庚戌翰林

◎ 注释

① 闷：清静而幽深。闷宫，最早为《诗经·鲁颂》篇名，是《诗经》中最长的一篇，这里指神宫、祠庙。

② 同治戊辰：同治七年，即1868年。

③ 春仲：农历二月。

◎ 译文

刘备与诸葛亮合祀于这清幽的祠庙中。

◎ 位置

过厅

◎ 背景

此句摘自杜甫诗《古柏行》："孔明庙前有老柏，柯如青铜根如石。霜皮溜雨四十围，黛色参天二千尺。君臣已与时际会，树木犹为人爱惜。云来气接巫峡长，月出寒通雪山白。忆昨路绕锦亭东，先主武侯同閟宫。崔嵬枝干郊原古，窈窕丹青户牖空。"此诗采用比兴体，借赞久经风霜、挺立寒空的古柏，称颂雄才大略、耿耿忠心的诸葛亮，以老柏孤高，喻武侯忠贞，表达了诗人对诸葛亮的崇敬之情，并借以抒发了自己壮志难酬的悲愤之情。

此处引用的这句诗明确表现了刘备与诸葛亮君臣相依相辅的鱼水关系，也是成都武侯祠作为君臣合祀祠庙的历史注解。

◎ 作者简介

完颜崇实，见第20页。

◎楹联

时艰①每念出师表；
日暮如闻梁父吟。

◎款识

此联原为光绪壬寅②三月毗陵③瞿朝宗撰，剑川赵藩书，因久佚，特补书付刻。一九八四岁次甲子春首，舒同。

钤印：舒同之印

◎ 注释

①时艰：艰难困苦的时局。

②光绪壬寅：光绪二十八年，即1902年。

③毗陵：古地名。本为春秋时吴季札封地延陵邑。西汉置县，治所在今江苏省常州市。三国吴时，为毗陵典农校尉治所。晋太康二年（281年）始置郡，治所移丹徒。历代废置无常，后世多称今江苏省常州市一带为毗陵。

◎ 译文

每当遇到艰难困苦的时局，就会诵念诸葛亮的《出师表》；日暮黄昏的时候，仿佛又听到诸葛亮吟唱《梁父吟》的声音。

◎ 位置

过厅

◎ 背景

此联原是1902年毗陵人瞿朝宗撰，剑川人赵藩书，因年久散佚。1984年初，现代书法家舒同补书付刻。

◎ 作者简介

瞿朝宗（生卒年不详），字印山，江苏武进（今常州市武进区）人。清光绪二十年（1894年）四月至二十四年（1898年）十二月以荫生任四川綦江知县。其为政有绩，抚民擅治，据戴纶喆纂修的民国《四川綦江续志》载："（光绪）二十一年乙未夏，贵州旱，流民阑东溪，间几酿事，知县瞿朝宗善遣之。二十二年丙申秋，淫雨，米翔贵，知县瞿朝宗出谷平粜。"

赵藩，见第116页。

舒同（1905—1998年），字文藻，又名宜禄。江西东乡（今抚州市东乡区）人。书法大师。曾任中共山东省委第一书记、陕西省委书记、中国人民解放军军事科学院副院长、中国书法家协会第一任主席、中共中央顾问委员会委员。

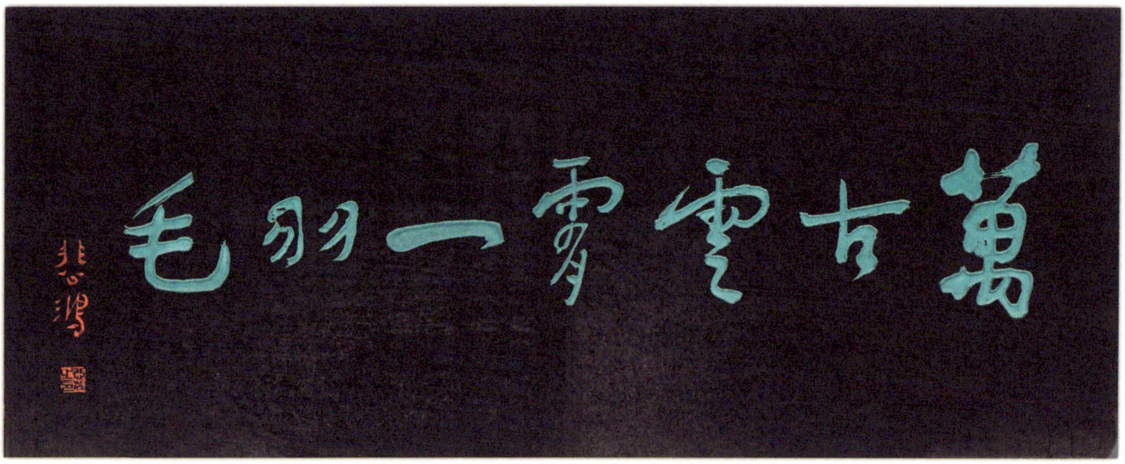

◎ **匾额**

万古①云霄②一羽毛③

◎ **款识**

悲鸿

钤印：悲鸿之印

◎ 注释

① 万古：千年万代、万世，形容经历年代久远。

② 云霄：天际，高空。

③ 羽毛：鸟类的羽和兽类的毛，比喻人的名誉。此匾摘自杜甫诗《咏怀古迹五首》（其五）。

◎ 译文

诸葛亮的名望高入云天，独一无二，万古传诵。

◎ 位置

过厅

◎ 作者简介

徐悲鸿（1895—1953年），原名徐寿康，江苏宜兴屺亭镇（今屺亭街道）人。中国现代画家、美术教育家。曾任教于国立中央大学艺术系、北平大学艺术学院和北平艺术专科学校。中华人民共和国成立后任中央美术学院院长。擅长画人物、走兽、花鸟，主张现实主义，强调国画改革融入西画技法，并强调作品的思想内涵，对当时中国画坛影响甚大。所作国画彩墨浑成，尤以奔马享名于世。

◎ 楹联

两表①酬三顾；

一对②足千秋。

◎ 款识

永川子明游俊

钤印：盲禅

◎ 注释

①两表：指前《出师表》和后《出师表》。

②一对：诸葛亮初次见到刘备时与之议论天下大势的对答，史称《隆中对》，也叫《草庐对》。东汉建安十二年（207年），驻军新野的刘备在徐庶建议下，三次到襄阳隆中拜访诸葛亮，但直到第三次方得见。诸葛亮为刘备分析了天下形势，提出先取荆州为家，再取益州成鼎足之势，继而图取中原的战略构想。诸葛

亮在登上政治舞台之初，就以《隆中对》的方式为刘备描述出一个战略远景。《隆中对》是促成三国鼎立的战略谋划，在中国古代的战略思想中具有典范价值。

◎ 译文

诸葛亮的前后《出师表》酬答了刘备三顾茅庐的知遇之恩，他的《隆中对》足以流传千秋百代。

◎ 位置

过厅

延伸

《三国志·诸葛亮传》载诸葛亮的《隆中对》："自董卓以来，豪杰并起，跨州连郡者不可胜数。曹操比于袁绍，则名微而众寡，然操遂能克绍，以弱为强者，非惟天时，抑亦人谋也。今操已拥百万之众，挟天子而令诸侯，此诚不可与争锋。孙权据有江东，已历三世，国险而民附，贤能为之用，此可以为援而不可图也。荆州北据汉、沔，利尽南海，东连吴会，西通巴、蜀，此用武之国，而其主不能守，此殆天所以资将军，将军岂有意乎？益州险塞，沃野千里，天府之土，高祖因之以成帝业。刘璋暗弱，张鲁在北，民殷国富而不知存恤，智能之士思得明君。将军既帝室之胄，信义著于四海，总揽英雄，思贤如渴，若跨有荆、益，保其岩阻，西和诸戎，南抚夷越，外结好孙权，内修政理；天下有变，则命一上将将荆州之军以向宛、洛，将军身率益州之众出于秦川，百姓孰敢不箪食壶浆以迎将军者乎？诚如是，则霸业可成，汉室可兴矣。"

◎ 作者简介

游俊（1884—1951年），字子明，名俊又，号盲禅，四川永川（今重庆市永川区）人。曾就读于永川中学，毕业于四川藏文学堂。1919年任永川中学学监，1924年为彭县知事，1932年任永川中学训育主任，1935年出任天全县长。20世纪40年代返回永川，投身教育业。喜好古文，尤癖好书画，诗、书、画、联独具特色，还创作川剧。其画以山水见长，旁及人物和花草虫鱼。

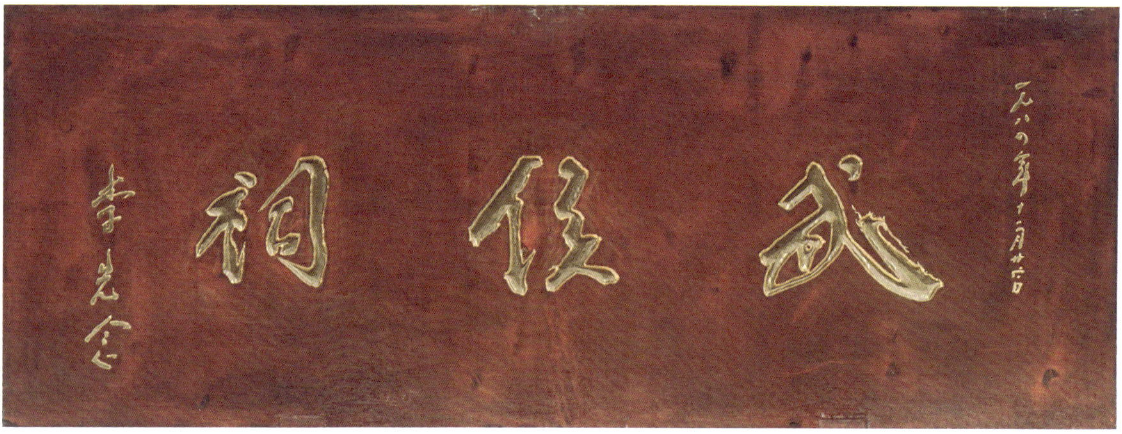

◎ **匾额**

武侯①祠

◎ **款识**

一九八四年十一月廿六日②

李先念

◎ 注释

① 武侯：见第78页。

② 廿六日：二十六日。

◎ 译文

祭祀武侯诸葛亮的祠堂。

◎ 位置

过厅

◎ 背景

1984年11月26日，国家主席李先念一行参观成都武侯祠。李先念对于三国历史文化及武侯祠相关问题都提出了独到的见解：一是诸葛亮联吴抗曹的策略正确，但谋略不行，若采用魏延出子午谷的建议，早攻至长安；二是关羽破坏了诸葛亮的联吴方针；三是刘备伐吴那一仗不该打；四是对诸葛亮的谋略又佩服，又不佩服；五是周总理曾下令，要保护好武侯祠；六是谈及秦宓、张松、张温、邓芝等人的事迹，指出邓芝是个颇有才干的外交家，恢复了吴蜀联盟。离开前，题写“武侯祠”三个字，落款“李先念”，后被刻成横匾，悬于成都武侯祠过厅。

◎ 作者简介

李先念（1909—1992年），湖北黄安（今黄冈市红安县）人，中华人民共和国重要领导人之一。1927年加入中国共产党。曾任湖北省军区司令员兼政治委员、中共湖北省委书记、湖北省人民政府主席、中共中央中南局副书记、国务院副总理等。1983年6月在第六届全国人民代表大会上当选为中华人民共和国主席。

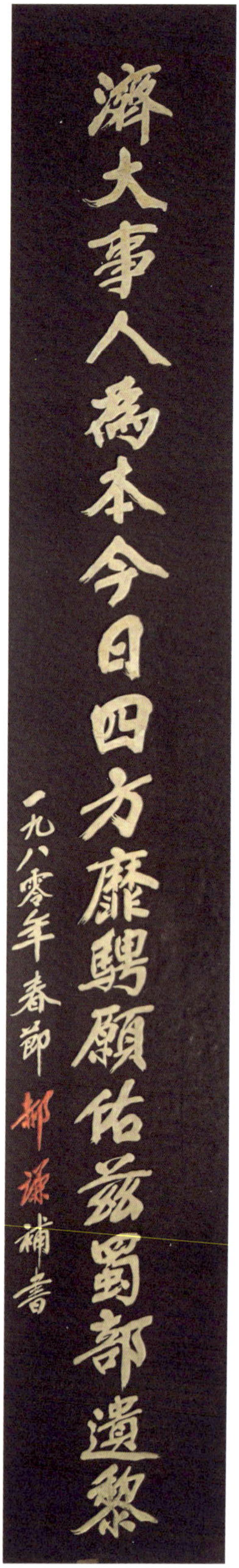

◎ **楹联**

亲贤臣[1]国乃兴，当年三顾频烦，始延得汉家正统；
济大事人为本[2]，今日四方靡骋[3]，愿佑兹蜀部遗黎[4]。

◎ **款识**

此联旧署光绪甲辰十二月金坛[5]冯煦撰，阿迷[6]马维骐书，原联久佚。
一九八零年春节，郝谦补书。

◎ 注释

① 亲贤臣：亲近贤能的臣子。《出师表》有“亲贤臣，远小人，此先汉所以兴隆也”句。

② 济大事人为本：成就大事，必须以人为根本。东汉建安十二年（207年），曹操南下，刘备从新野撤退，当时有十万百姓跟随，有人劝刘备弃百姓而自保，他回答：“夫济大事必以人为本，今人归吾，吾何忍弃去！”

③ 靡骋：本谓不能纵马奔驰，后以喻不能施展抱负，出自《诗经·小雅·节南山》：“我瞻四方，蹙蹙靡所骋。”此指四方战事不息，不得安宁。

④ 蜀部遗黎：指蜀地的百姓。

⑤ 金坛：今属江苏省常州市。

⑥ 阿迷：大致在今云南省开远市一带。元明清三代曾置为阿迷州。民国废州改县，称阿迷县，后改阿迷县为开远县。

◎ 译文

亲近贤臣，国家才能兴旺。当年刘备不辞劳烦三顾茅庐，得到诸葛亮出山辅佐，创建蜀汉政权，方延续了刘氏的汉家王朝。成就大事，须以人为根本。今日四方战事不息，不得安宁，只有祈愿上天保佑蜀地的民众。

◎ 位置

过厅

◎ 背景

此联原是清光绪甲辰年（1904年）十二月金坛人冯煦撰、云南阿迷人马维骐书，因年久佚失。现在悬挂的楹联是1980年春节现代书法家郝谦补书。

◎ 作者简介

冯煦（1842—1927年），原名冯熙，字梦华，号蒿庵，晚号蒿叟、蒿隐，江苏金坛（今常州市金坛区）人。清光绪十二年（1886年）授翰林院编修，历任安徽凤阳知府、山西按察使、四川按察使、安徽布政使兼提学使等职，后因“有革命之嫌”罢官回乡，著有《蒿庵类稿》等。

马维骐，见第13页。

郝谦（1902—1997年），原名霍绍文，笔名湘园，四川綦江（今重庆市綦江区）人。1922年参加革命。1949年后任巴中县委宣传部长、西南图书馆副馆长、四川省地方志编纂委员会副主任委员、中国书法家协会四川分会副主席等。擅长书法与绘画。

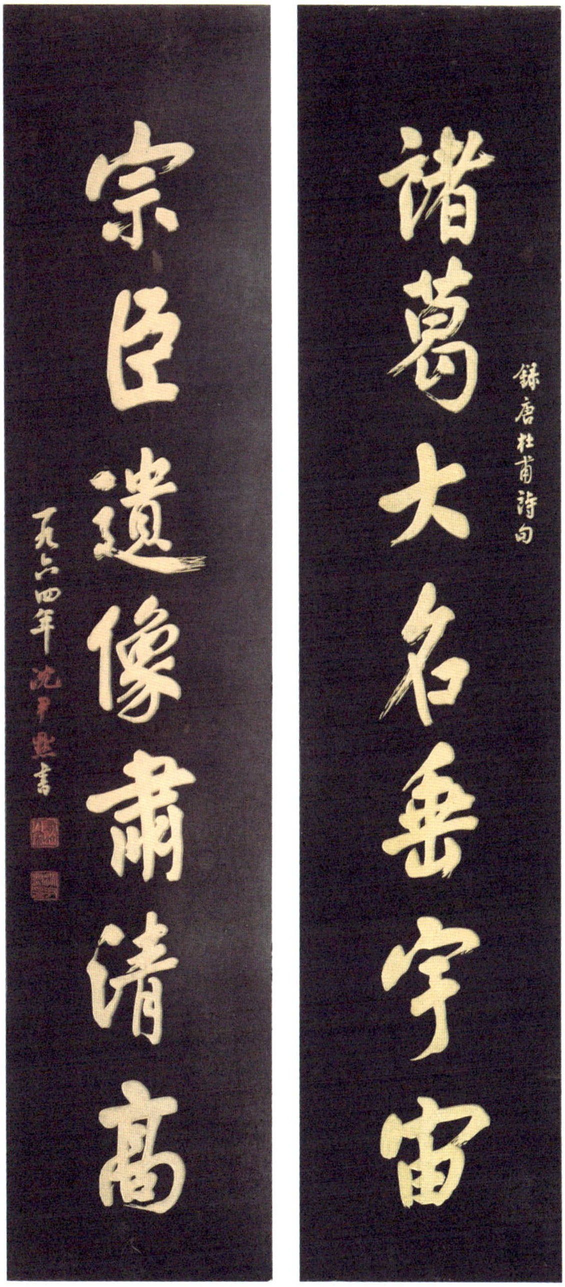

◎ **楹联**

诸葛大名垂宇宙①；

宗臣②遗像肃清高。

◎ **款识**

录唐杜甫诗句③

一九六四年　沈尹默书

钤印：有竹人家　沈尹默印

◎ 注释

①宇宙："宇"指一切的空间，"宙"指一切的时间。《淮南子·齐俗训》："往古来今谓之宙，四方上下谓之宇。"高诱注《淮南子》认为"宇宙"喻指"天地"。

②宗臣：世人所敬仰的国家重臣。宗，指尊崇、敬仰。

③杜甫诗句：此联摘自杜甫诗《咏怀古迹五首》（其五）。

◎ 译文

诸葛亮的大名古今天下都知晓，他那端肃清正的遗像使人敬仰。

◎ 位置

过厅

◎ 作者简介

沈尹默（1883—1971年），原名君默，字中，亦字秋明，别号鬼谷子，祖籍浙江湖州，出生于陕西兴安府汉阴厅（今安康市汉阴县）。著名学者、诗人、书法家、教育家。曾任中央文史研究馆副馆长、上海市人民政府委员等。以书法闻名，有"南沈北于（于右任）""南沈北吴（吴玉如）"之誉。著有《沈尹默书法集》《沈尹默手书词稿四种》《沈尹默入蜀词墨迹》等。此联书于1964年，除此联外，成都武侯祠刘备殿正殿东壁还悬有他的楷书诸葛亮《隆中对》木刻。

◎ **楹联**

成大事以小心，一生谨慎；

仰①流风②于遗迹，万古清高。

◎ **款识**

中华民国十七年③十二月

冯玉祥题

钤印：冯玉祥　焕章

◎ 注释

①仰：瞻仰，敬仰，仰慕。

②流风：遗留的风气、风范。《孟子·公孙丑上》："其故家遗俗，流风善政，犹有存者。"

③中华民国十七年：1928年。

◎ 译文

诸葛亮一生谨慎小心，终于成就蜀汉大业；到武侯祠拜谒，更加仰慕诸葛亮流芳千古的高风亮节。

◎ 位置

过厅

◎ 背景

此联于中华民国十七年（1928年）十二月由冯玉祥题于南京行营，既是冯玉祥对诸葛亮的推崇、缅怀，也是他对自己政治军事生涯的一种提醒。1946年，郭祝崧在《成都春游三胜》中描写当时的成都武侯祠提及此联："殿上匾额对联甚多，工致者亦不少，近人如冯玉祥、刘豫波等皆有作品悬列。"除成都武侯祠外，此联还被勉县武侯祠付刻嵌于大殿背后墙上。

◎ 作者简介

冯玉祥（1882—1948年），原名基善，字焕章，原籍安徽巢湖，出生于直隶青县（今属河北省沧州市），民国时期西北军著名将领，陆军一级上将。1926年加入中国国民党。1933年5月，在察哈尔组织民众抗日同盟军，任总司令。1935年任国民政府军事委员会副委员长。1937年卢沟桥事变后，积极从事抗日救国活动。1948年7月由美国回国参加新政协会议筹备工作，9月因轮船失火遇难。著有《我的生活：冯玉祥自传》《我所认识的蒋介石》等。

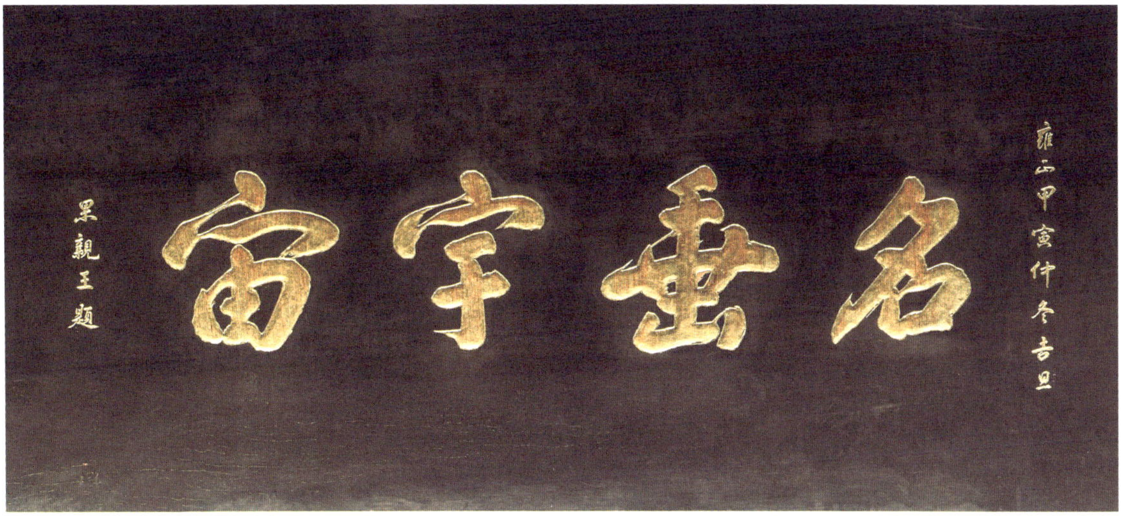

◎ **匾额**

名①垂②宇宙

◎ **款识**

雍正甲寅③仲冬④吉旦⑤

果亲王题

◎ 注释

① 名：名声，此处指诸葛亮的英名。

② 垂：留传，流传。

③ 雍正甲寅：雍正十二年，即1734年。

④ 仲冬：也称中冬，指的是冬季第二个月，即农历十一月。

⑤ 吉旦：这里泛指吉祥的日子。

◎ 译文

诸葛亮的英名永留天地之间。

◎ 位置

诸葛亮殿

◎ 背景

清雍正五年（1727年），西藏地区发生内乱，雍正帝派兵平乱，并把居住在拉萨的七世达赖喇嘛格桑嘉措迎往四川泰宁（今属甘孜藏族自治州道孚县）的惠远寺驻锡。雍正十二年（1734年），西藏局势缓和，雍正帝同意七世达赖喇嘛返回拉萨，派果亲王赴泰宁护送七世达赖入藏，并沿途“巡阅诸省驻防及绿营兵”。期间，果亲王撰写《西藏日记》，记录路上见闻。果亲王到达成都后，拜谒成都武侯祠，题写“名垂宇宙”匾额。《西藏日记》：“初四日，阅马于箭道，出府南门，谒昭烈庙，游杜少陵草堂，杜诗‘背郭堂成荫白茅’即此。”清代潘时彤《昭烈忠武陵庙志》：“雍正甲寅仲冬，四川华阳县忠武侯祠，果亲王书‘名垂宇宙’额”，“武侯殿额：名垂宇宙，雍正甲寅仲冬，果邸书，已录卷首”。“名垂宇宙”，取自杜甫《咏怀古迹五首》（其五）第一句“诸葛大名垂宇宙”，即永世长存、万古不朽之意，表达了果亲王对诸葛亮的崇敬之情。

◎ 作者简介

果亲王（1697—1738年），爱新觉罗·允礼，康熙帝第十七子。清雍正元年（1723年），封果郡王；雍正六年（1728年），进亲王，管理户部和苗疆事务。雍正帝临终时，命其辅政。乾隆帝即位后，总理事务，主刑部事务。乾隆三年（1738年）二月，薨，乾隆帝令加祭一次，谥“毅”。博学多才，工书法，善诗词，精通绘画，文采风流，著有《自得园文钞》《春和堂》《静远斋》《西藏日记》《奉使纪行诗》等。

◎ 匾额

勋①高管②乐③

◎ 款识

岁在丁卯④春正月 谷旦⑤
华阳信士李鉴敬立

◎ 注释

① 勋：功勋、功劳。

② 管：管仲，春秋时齐桓公的贤相，曾辅佐齐桓公对内改革、对外“尊王攘夷”，使齐国成为春秋五霸之首。

③ 乐：乐毅，魏将乐羊后裔，战国后期燕昭王大将。公元前284年，乐毅统率燕国等五国联军攻打齐国，连下七十余城，创造了中国古代战争史上以弱胜强的著名战例。

④ 丁卯：1867或1927年。

⑤ 谷旦：晴朗美好的日子，常用为吉日的代称。

◎ 译文

诸葛亮的功勋高过管仲、乐毅。

◎ 位置

诸葛亮殿

延伸

管仲一直和春秋时代的另一位齐相晏婴相提并论，习称“管晏”。“管乐”并称见于东晋袁宏《三国名臣序赞》“孔明盘桓，俟时而动，遐想管乐，远明风流”，缘于诸葛亮年轻时每每把自己比作管仲、乐毅。《三国志·诸葛亮传》记载：“（诸葛亮）每自比于管仲、乐毅，时人莫之许也。惟博陵崔州平、颍川徐庶元直与亮友善，谓为信然。”意思是说，诸葛亮年轻时每每把自己比作先秦时期的管仲、乐毅，当时人大多不以为然，唯独对他非常友善的两位好友崔州平、徐元直，认为他的话是完全可信的。诸葛亮读书与当时的儒生不同，“独观其大略”。《三国志·诸葛亮传》裴松之注引《魏略》记载：“亮在荆州，以建安初与颍川石广元、徐元直、汝南孟公威等俱游学，三人务与精熟，而亮独观其大略。每晨夜从容，常抱膝长啸，而谓三人曰：‘卿三人仕进可至刺史、郡守也。’三人问其所至，亮但笑而不言。”诸葛亮读书的目的，是辅佐理想的领袖，当一个文武全才式的政治家和军事家。由此可见，诸葛亮青少年时期“每自比管仲、乐毅”，是想借鉴历史，效法有成就的人物。因诸葛亮的缘故，“管乐”并称被后世接受并传播，指有治国才能、有抱负的人。

◎ 作者简介

李鉴，不详，待考。

◎ 匾额

河岳①英灵②

◎ 款识

同治戊辰四月之吉

完颜华毓敬书

钤印：完颜华毓

◎ 注释

①河岳：是黄河和五岳的并称，泛指山川，最早出自《诗经·周颂·时迈》："怀柔百神，及河乔岳。"古人往往将日星和河岳相对应，见于南朝齐谢朓《为宣城公拜章》："惟天为大，日星度其象；谓地盖厚，河岳宣其气。"南宋文天祥《正气歌》："天地有正气，杂然赋流形。下则为河岳，上则为日星。"

②英灵：指杰出的人才，见于南朝齐谢朓《酬德赋》："赖先德之龙兴，奉英灵之电举。"唐代王维《送綦毋潜落第还乡》："圣代无隐者，英灵尽来归。"清代孙枝蔚《历阳怀古·楚霸王庙》："将军多恐英灵尽，万古长江有战船。"

◎ 译文

诸葛亮是山河大地孕育出的杰出人才。

◎ 位置

诸葛亮殿

◎ 作者简介

完颜华毓（生卒年不详），满洲镶黄旗人，完颜崇实第三子，完颜崇厚的侄子，初名华祝，后为避讳，改名华毓，曾任户部员外郎。

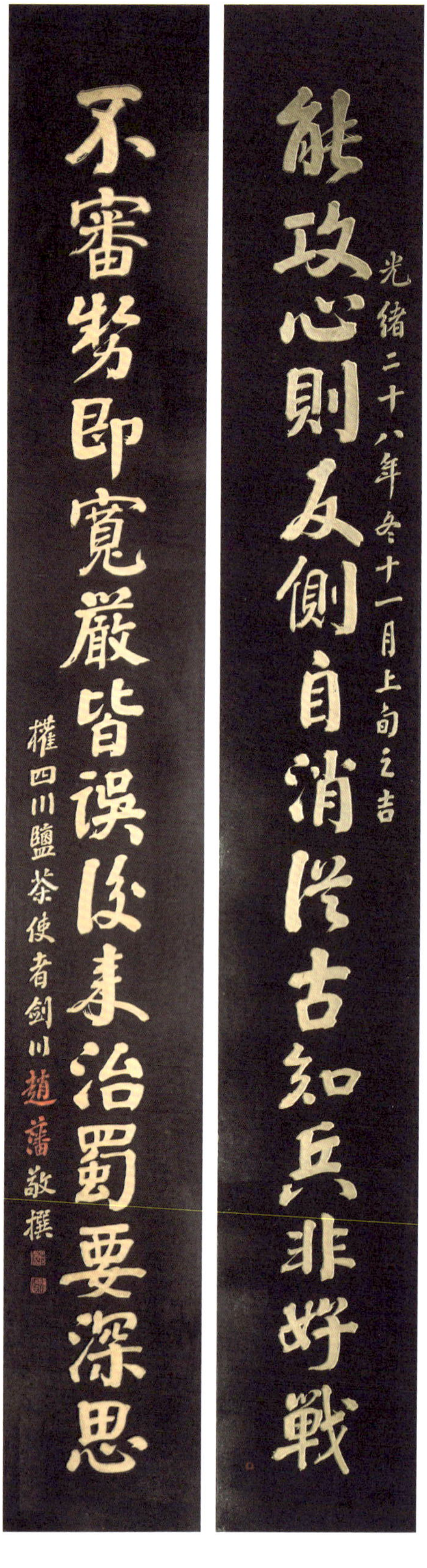
能攻心則反側自消從古知兵非好戰
光緒二十八年冬十一月上旬之吉
不審勢即寬嚴皆誤後來治蜀要深思
權四川鹽茶使者劍川趙藩敬撰

◎ **楹联**

能攻心①则反侧②自消，从古知兵③非好战；
不审势④即宽严⑤皆误，后来治蜀要深思。

◎ **款识**

光绪二十八年⑥冬十一月上旬之吉
权⑦四川盐茶使者剑川赵藩敬撰
钤印：不详，待考

◎ 注释

① 攻心：指从精神上或心理上瓦解对方。

② 反侧：语出《后汉书·光武帝纪上》："诛王郎，收文书，得吏人与郎交关谤毁者数千章。光武不省，会诸将军烧之，曰：'令反侧子自安。'"后来遂以"反侧"指怀有二心而疑虑不安的人。

③ 知兵：通晓军事。

④ 审势：审察形势。

⑤ 宽严：宽大和严厉。

⑥ 光绪二十八年：1902年。

⑦ 权：权且、暂时，指暂时行使某职位的职权。

◎ 译文

若能以"攻心"的策略使对手诚服，则心怀二心、疑虑不安的对立面就会自然消除，从古至今，懂得用兵的人并不好战；不审时度势，政策无论宽严都会出差错，后代治理蜀地的人应该深思这个问题。

◎ 位置

诸葛亮殿

◎ 背景

清光绪二十八年（1902年）春夏，四川大旱，各地都爆发了义和拳运动，其中最有影响的是四川金堂县石板滩少女廖观音（人称廖九妹、九娘，因拒缠小脚，又称廖大脚，在义和拳运动中自称观音转世，故称廖观音）领导的红灯教运动。慈禧闻讯后，撤了四川总督奎俊，另任岑春煊（岑毓英之子）为四川总督。岑春煊急调赵藩到成都相辅。岑春煊还未入成都就接管了四川省的军权，对红灯教展开血腥镇压。九月二十五日，岑春煊进入成都，二十八日在昭觉寺斩杀俘虏的红灯教教徒一百多人。

面对岑春煊的血腥镇压，赵藩作为其曾经的老师和现在的下属，多次劝谏不果。当他得知岑春煊不久后要陪客人游览成都武侯祠，便写下这副著名的“攻心”联，派人镌刻好送到成都武侯祠诸葛亮殿悬挂，以联“笔谏”。岑春煊游览成都武侯祠看到此联后，脸色难看，一语不发。不久，岑春煊因镇压四川红灯教运动有功升调两广总督，赵藩却被贬为永宁道（今四川省泸州市一带）地方官。

延伸

上联用诸葛亮南征平叛的典故，是对诸葛亮治国和作战指导思想的总结，从正面肯定诸葛亮之功绩。

蜀汉建兴三年（225年）春，为平定南中叛乱，诸葛亮亲率大军征讨越嶲、牂牁、益州、永昌四郡，马谡送行。诸葛亮与马谡讨论作战谋略，马谡提出“夫用兵之道，攻心为上，攻城为下。心战为上，兵战为下。愿公服其心而已”的建议。

“攻心”之策是对孙子“伐谋”“伐交”的提升，《孙子兵法·谋攻篇》：“故上兵伐谋，其次伐交，其次伐兵，其下攻城。攻城之法，为不得已。”

南中平叛，诸葛亮实行“攻心”上策，并将其与儒家文化中“以和为贵”的思想紧密结合、淋漓体现。广为流传的“诸葛亮七擒七纵孟获”故事正是诸葛亮运用“攻心”之策的结果。《三国志·诸葛亮传》注引《汉晋春秋》：“亮至南中，所在战捷。闻孟获者，为夷、汉所服，募生致之。既得，使观于营陈之间，问曰：‘此军何如？’获对曰：‘向者不知虚实，故败。今蒙赐观看营陈，若只如此，即定易胜耳。’亮笑，纵使更战，七纵七擒，而亮犹遣获。获止不去，曰：‘公，天威也，南人不复反矣。’遂至滇池。”《华阳国志·南中志》：“建兴三年春，亮南征。……生虏孟获，置军中，问曰：‘我军如何？’获对曰：‘恨不相知，公

能攻心則反側自消從古知兵非好戰
光緒二十八年冬十一月上旬之吉

不審勢即寬嚴皆誤後來治蜀要深思
權四川鹽茶使者劍川趙藩敬撰

易胜耳。’亮以方务在北，而南中好叛乱，宜穷其诈。乃赦获，使还合军，更战。凡七虏、七赦。获等心服，夷、汉亦思反善。亮复问获，获对曰：‘明公，天威也！边民长不为恶矣。’”

南征胜利后，蜀汉政权加强对南中大姓、渠率（夷帅）的联系和利用，大量起用大姓、渠率，并鼓励大姓扩张部曲为蜀汉所用，这也是诸葛亮“攻心”之策的运用。当时曾有人向诸葛亮劝谏，诸葛亮说：“若留外人，则当留兵，兵留则无所食，一不易也；加夷新伤破，父兄死丧，留外人而无兵者，必成祸患，二不易也；又夷累有废杀之罪，自嫌衅重，若留外人，终不相信，三不易也；今吾欲使不留兵，不运粮，而纲纪粗定，夷、汉粗安故耳。”

下联“不审势即宽严皆误”见于《三国志·诸葛亮传》裴松之注引郭冲的记载：“亮刑法峻急，刻剥百姓，自君子小人咸怀怨叹，法正谏曰：‘昔高祖入关，约法三章，秦民知德，今君假借威力，跨据一州，初有其国，未垂惠抚；且客主之义，宜相降下，愿缓刑弛禁，以慰其望。’亮答曰：‘君知其一，未知其二。秦以无道，政苛民怨，匹夫大呼，天下土崩，高祖因之，可以弘济。刘璋暗弱，自焉已来有累世之恩，文法羁縻，互相承奉，德政不举，威刑不肃。……所以致弊，实由于此。吾今威之以法，法行则知恩，限之以爵，爵加则知荣；荣恩并济，上下有节，为治之要，于斯而著。’”通过诸葛亮与法正间的对话，可以看出法正劝谏诸葛亮要缓刑弛禁、执法从宽，但诸葛亮却认为历史经验不能照搬，施政“宽”或“严”关键在于能审时度势，由客观形势决定。诸葛亮治蜀，因前有刘焉、刘璋父子统治期间"积弊"甚深，通过"审势"之措，他"威之以法"，严格执法，使蜀汉政权得以稳定。陈寿《三国志·诸葛亮传》总结："终于邦域之内，咸畏而爱之，刑政虽峻而无怨者，以其心平而劝戒明也"，"科教严明，赏罚必信，无恶不惩，无善不显，至于吏不容奸，人怀自厉，道不拾遗，强不侵弱，风化肃然也"。下联颂赞诸葛亮的同时，也强调"审时度势"的重要，治理地方在坚持原则的基础上需要适当变通，在不同时间，面对不同对象与事态，采取的方法要拿捏"宽"与"严"之间的尺度，以此隐喻"后来治蜀"者。

◎ 作者简介

赵藩（1851—1927年），字樾村，一字介庵，别号蝯仙，晚自号"石禅老人"，云南大理剑川向湖村人，白族，中国近代著名的政治家、学者、诗人和书法家。自幼随父亲学习，被乡人视为"神童"。24岁中举人，中举后，曾任云贵总督岑毓英的幕僚和家庭教师。清光绪十九年（1893年），入川任四川省筹饷局提调；光绪二十年（1894年），任酉阳直隶州（今重庆市酉阳土家族苗族自治县）知州；光绪二十六年（1900年），以道员身份到四川候补；光绪二十七年（1901年），代理四川盐茶道使；光绪二十八年到宣统二年（1902—1910年）又在永宁道（今四川省泸州市一带）任官。他一生著述颇多，以诗词为最，不仅撰写了著名的"攻心联"，还存有诗集《向湖村舍诗三集》（手抄本，未刊行），晚年还总纂《云南丛书》。

◎ **楹联**

勤王事①大好②儿孙，三世忠贞③，史笔④犹褒陈庶子⑤；

出师表惊人文字，千秋涕泪，墨痕同溅岳将军⑥。

◎ **款识**

武乡侯临表涕泣，岳鄂王书武侯出师表自跋泪下如雨，先后精神至今如见，诸葛大名直与日月争光也⑦。双江刘咸荥敬撰并书。

◎ 注释

① 勤王事：尽力于蜀汉的国家大事。

② 大好：很好、非常好，此指贤良、德才兼备。

③ 三世忠贞：指诸葛亮及其子诸葛瞻、孙诸葛尚三代对蜀汉政权忠贞不渝、忠心耿耿。

④ 史笔：史册、历史记载的代称。

⑤ 陈庶子：庶子是官名，始于周代，负责诸侯、卿大夫的庶子的教养、训诫等事，汉代为太子属官，称为“太子庶子”“太子中庶子”，三国魏晋南北朝时期沿置。陈庶子即陈寿，三国西晋时著名的史学家，曾在三国蜀汉政府中担任卫将军主簿、东观秘书郎、散骑黄门侍郎等职。蜀汉降晋后，又任著作郎、长广太守、治书侍御史、太子中庶子等职务。西晋统一之后，陈寿汇合魏、蜀、吴三国史，写成《魏》《吴》《蜀》三书共65卷，取名《三国志》，与《史记》《汉书》《后汉书》并称为“前四史”。

⑥ 岳将军：岳飞，南宋抗金名将，南宋中兴四将之一，中国历史上著名的军事家、战略家。

⑦ 武乡侯临表涕泣，岳鄂王书武侯出师表自跋泪下如雨，先后精神至今如见，诸葛大名直与日月争光也：刘咸荥认为诸葛亮作《出师表》、岳飞书《出师表》时激动落泪，皆因他们心怀国家大业与国家前途，这种忠贞爱国的精神对后世影响巨大，表达了刘咸荥对诸葛亮和岳飞的崇敬之情。

◎ 译文

诸葛亮儿孙俱贤，一门三代忠勤于蜀汉王室，陈寿在《三国志》里对他们大加褒扬；《出师表》是令人惊叹的杰作，千百年来读者无不感动垂泪，岳飞将军书写《出师表》时也曾涕泪横流，与墨同下。

◎ 位置

诸葛亮殿

延伸

成都武侯祠、南阳武侯祠、青城山天师洞、重庆云阳张飞庙、五丈原诸葛亮庙、杭州岳飞纪念馆等都展出有传为岳飞所书的前后《出师表》。此联中“岳鄂王书武侯出师表自跋泪下如雨”中的“跋”是指“岳飞书写《出师表》”时所题的跋语：“绍兴戊午秋八月望前，过南阳，谒武侯祠，遇雨，遂宿于祠内。更深，秉烛细观壁间昔贤所赞先生文词、诗赋及祠前石刻二表，不觉泪下如雨。是夜，竟不成眠，坐以待旦。道士献茶毕，出纸索字，挥涕走笔，不计工拙，稍舒胸中抑郁耳。岳飞并识。”跋语讲述了岳飞书写前后《出师表》的过程：南宋绍兴戊午年（1138年）八月十五的前一天，岳飞领兵路过河南南阳，到南阳拜谒了武侯祠，恰逢下雨，他便在南阳武侯祠内留宿。入夜之后，岳飞观赏了祠内留存的赞扬诸葛亮的诗词歌赋以及前后《出师表》，不觉泪如雨下。当天晚上，他思绪万千，无法入睡，坐到了天明。第二天，祠内的道士为他奉茶后，请他题词留念。岳飞飞笔走纸，激动万分，以至涕泪俱下，完成了前后《出师表》，之后才觉得胸中的郁闷之气得到稍微的排遣和舒展。

◎ 作者简介

刘咸荥，见第47页。

◎楹联

文章与伊训①说命②相表里③；

经济④自清心寡欲⑤中得来。

◎款识

集苏文忠公⑥朱文公⑦语

贵阳陈矩集句⑧剑川赵藩书

钤印：不详，待考

◎ 注释

① 伊训：《尚书》中的名篇，收录于《商书》中的第四篇文章，是商初大臣伊尹对新任国君太甲的教导与告诫。太甲是商代第五任帝王，伊尹是商朝开国重臣、五朝元老。

② 说（yuè）命：《尚书》中的名篇，《礼记》中作《兑（yuè）命》，分为上、中、下三篇，叙述了武丁与傅说的故事，再现了一段圣君贤相的佳话。上篇为正命，叙述傅说见武丁的过程以及武丁任命傅说为相的命辞；中篇为随命，是傅说向武丁阐述治国方法；下篇为遵命，是傅说的论学之辞。

③ 相表里：表里，指外表和内里。相表里指内外互相配合、共为一体。

④ 经济：经世济民，此为“治国平天下”之意。

⑤ 清心寡欲：保持内心清净，少生欲念，见于《后汉书·任隗传》：“隗，字仲和，少好黄老，清静寡欲。”

⑥ 苏文忠公：苏轼，北宋著名的文学家、书法家，唐宋八大家之一。1101年病逝，谥号“文忠”。

⑦ 朱文公：朱熹，宋代著名的理学家、思想家、哲学家、教育家、诗人，后世尊称为朱子。1200年病逝，谥号“文”。

⑧ 集句：指截取前人一家或数家的诗句，拼集成诗的一种作诗方式。现存最早的集句诗，是西晋傅咸的《七经诗》，以儒家经典为集句对象写成。集句诗从北宋开始正式发展，明清时期发展至顶峰，逐渐成为具有独立意义的诗体。集句诗有很高的欣赏性，是一种艺术的再创造。因为所集诗句为前人所作，缺乏原创性，同时其创作受到较大的制约。

◎ 译文

诸葛亮文章的价值与《尚书》中的《伊训》《说命》篇不相伯仲，他经世济民的才干从清心寡欲的品格中得来。

◎ 位置

诸葛亮殿

延伸

楹联上联出自苏轼《乐全先生文集·叙》："诸葛孔明不以文章自名，而开物成务之姿，综练名实之意，自见于言语。至《出师表》，简而尽，直而不肆，大哉言乎，与《伊训》《说命》相表里，非秦汉以来以事君为悦者所能至也。"下联出自明代丘浚编《朱子学的》卷之上《道在第八》："朱子曰：'……孔明择妇，正得丑女，奉身调度，人所不堪，彼其正大之气，经纶之蕴，固已得于天资，然窃意其志虑之所以日益精明，威望之所以日益隆重者，则寡欲养心之助为多。'"

◎ 作者简介

陈矩（1851—1939年），字衡山，贵州贵阳人，著名诗人，与兄长陈灿、陈田并称"陈氏三杰"。清光绪二十年（1894年），奉调四川，历任合州、石泉、三台、天全、井研、犍为诸州县长官，"清廉惠慈，循声溢流"。1913年回贵阳，历任国学讲习所长、贵州图书馆长、贵州通志局编纂等职。以诗文见长，被称赞"如太史公文，往往有奇气""沉雄学韩杜，绮丽近温李……其流传之远，则类乎香山"。著有《悟兰吟馆诗集》《东瀛文稿》《滇游草》等（收入《灵峰草堂集》），纂有《天全石录》《日本金石志》《灵峰草堂丛书》《中国逸书百种志》以及民国《贵州通志》《都匀县志》《修文县志》等。赵藩评价陈矩："往来南北，驰驱海外，历水陆数万里，所至必登临其山川，搜访其图书古迹，与其贤士大夫游，已著之篇什。"

赵藩，见第116页。

濟自清心寡欲中得來

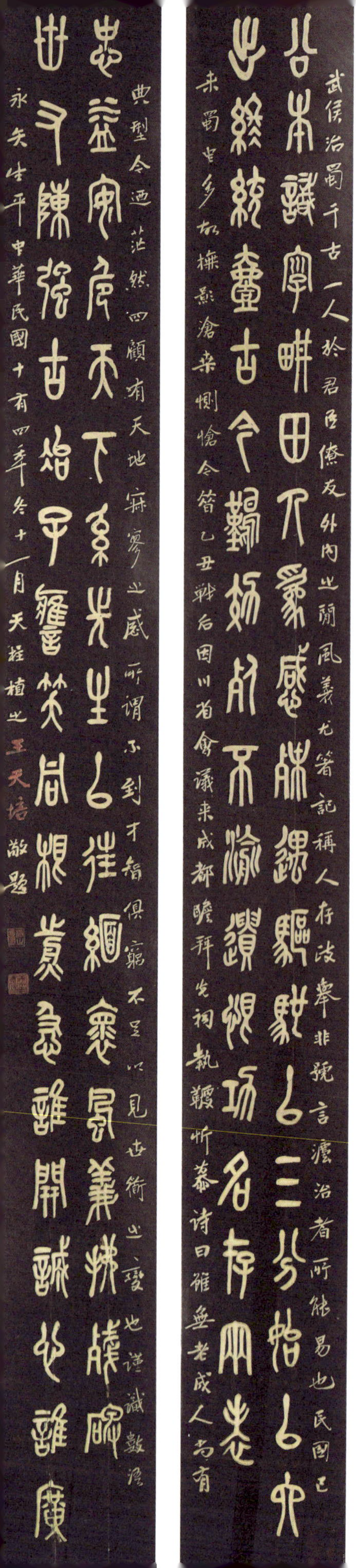

◎楹联

公[1]本识字耕田人，为感殊遇驱驰[2]，以三分始，以六出终，统一古今难，效死不渝，遗恨功名存两表；

世又陈强古治子[3]，应笑同根煎急[4]，谁开诚心，谁广忠益，安危天下系，先生以往，缅怀风义[5]拂残碑。

◎ 款识

武侯治蜀，千古一人，于君臣僚友外内之间，风义尤著。《记》⑥称：『人存政举』，非号言法治者所能易也。民国已来，蜀中多故，抚影沧桑，恻怆今昔。乙丑战⑦后，因川省会议来成都，瞻拜先祠，执鞭忻慕。《诗》曰：『虽无老成人，尚有典型。』⑧今乃茫然四顾，有天地寂寥之感。所谓不到才智俱穷，不足以见世道之变也。谨识数语，永矢生平。

中华民国十有四年⑨冬十一月，天柱植之王天培敬题。

钤印：植之长寿　天培之印

◎ 注释

① 公：指诸葛亮。

② 驱驰：尽力奔走效劳。《三国志·诸葛亮传》：“三顾臣于草庐之中，咨臣以当世之事，由是感激，遂许先帝以驱驰。”

③ 陈强古冶子：春秋时齐国武士。陈强即田开疆，曾助齐景公打败敌人三军。古冶子善于游泳，《晏子春秋·内篇》：“吾（古冶子）尝从君济于河，鼋衔左骖以入砥柱之流……潜行逆流百步，顺流九里，得鼋而杀之，左操骖尾，右挈鼋头，鹤跃而出。津人皆曰：‘河伯也！’”他们与公孙接是齐景公手下的三员大将，被晏婴用计谋杀，这就是历史上著名的“二桃杀三士”故事。

④ 同根煎急：出自三国时曹植的《七步诗》：“本是同根生，相煎何太急。”全诗用萁豆相煎为比喻控诉了曹丕对自己和其他兄弟的迫害，表达出曹植沉郁愤激的思想感情。

⑤ 风义：即风操，指人的志行品德。

⑥ 《记》：《礼记》。《礼记·中庸》：“其人存，则其政举；其人亡，则其政息。”

⑦ 乙丑战：1924—1926年，吴佩孚、冯玉祥、段祺瑞、张作霖、孙传芳等军阀势力之间及其内部的矛盾和斗争。

⑧ “虽无老成人，尚有典型。”：本为“虽无老成人，尚有典刑”，出自《诗经·大雅·荡》，意为“虽然身边没有德高望重的老臣，但还有先代遗留下的典章制度可以依循”。

⑨ 中华民国十有四年：1925年。

◎ 译文

诸葛亮原本只是隐居耕读之人，因感激刘备“三顾”的知遇之恩而出山奔走效力，从隆中筹划三分天下开始，到六出祁山病逝而告终。统一天下是古今一大难事，他却鞠躬尽瘁、矢志不渝，遗憾的是功未成而人竟殁，只有留下的前后《出师表》彰显着他的丰功伟名。这世上既有陈强、古冶子一样为了蝇头私利相互斗杀的短视之徒，更有可笑可悲的曹丕、曹植式的兄弟相残，有谁能像诸葛亮那样开诚布公、集思广益，系天下安危于一身？诸葛亮已然长逝，只能手拂残碑，仰慕高义，寄托无限的缅怀与哀思。

◎ 位置

诸葛亮殿

◎ 背景

1925年11月，时任黔军第二师师长的王天培，历经数年的四川内战，看着参加过辛亥革命、护国战争、护法战争的革命志士在军阀的唆使下互相残杀，深感苦闷、彷徨。他拜谒成都武侯祠拜谒时，联想到诸葛亮一生的功绩，引用“二桃杀三士”的故事和曹植《七步诗》撰写此联，抒发胸中郁结，彰显其忧国爱国、系国家安危于一身的抱负和情怀。

◎ 作者简介

王天培（1889—1927年），字植之，号东侠，侗族，贵州天柱人，国民革命军著名将领，北伐将领。少时考入贵州陆军小学堂，之后升入武昌陆军第三中学，后加入中国同盟会。1914年，毕业于保定陆军军官学校第一期。1926年，率部出征，被任命为国民革命军第十军军长兼左翼前敌总指挥，在湖南洪江誓师北伐，仅用十四天就取得徐州大捷。1927年8月8日，蒋介石电召其赴南京“面商机宜”将其扣押。1927年9月2日凌晨，被秘密杀害于杭州西湖，时年39岁。

◎ **楹联**

异代①相知习凿齿②；

千秋同祀武乡侯③。

◎ **款识**

丁亥④元旦

鹍城⑤钟瀚敬撰并书

◎ 注释

①异代：后代，后世。

②习凿齿：字彦威，湖北襄阳人，东晋著名史学家、文学家。他精通玄学、佛学、史学，主要著作有《汉晋春秋》《襄阳耆旧记》《逸人高士传》《习凿齿集》等。《汉晋春秋》以蜀汉为正统撰三国史，这种历史观影响巨大，自朱子以下多赞成习凿齿之说，同时也影响了三国故事在民间的流传和《三国演义》的创作。习凿齿对诸葛亮怀有深厚的崇敬之情，曾专程去隆中诸葛亮故宅凭吊，撰写《诸葛武侯宅铭》，论述诸葛亮兴复汉室、追求统一的功绩，赞颂诸葛亮执法严明、公正无私、鞠躬尽瘁、死而后已的精神。

③武乡侯：诸葛亮。

④丁亥：1947年。

⑤鹍城：四川郫县，今成都市郫都区。

◎ 译文

后世深知诸葛亮的是习凿齿，千百年来人们都祭祀诸葛亮。

◎ 位置

诸葛亮殿

◎ 作者简介

钟瀚（1884—1956年），又名开瀚，字子沧，四川郫县太和场（今成都市郫都区团结镇）人。终生从教、教书育人，曾筹建郫县初级中学、创办成都离山中学，还任成都石室中学国文教员10年。他学识广博，通史学、善诗文、工书法，他常说：“吾先世有钟繇也。”

◎匾额

静远堂①

◎款识

无（据内部资料记载为近人但懋辛书）

◎ 注释

①静远堂：即诸葛亮殿，也叫孔明殿，取诸葛亮名句“非宁静无以致远”中“宁静致远”之意。

◎ 译文

宁静致远之堂。

◎ 位置

诸葛亮殿

◎ 背景

中华民国十年（1921年），成都武侯祠进行大修，邀请但懋辛为诸葛亮殿书写匾额“静远堂”。

◎ 作者简介

但懋辛（1884—1965年），字怒刚，四川荣县人，中国同盟会早期会员，国民党陆军上将，曾经担任蜀军政府参谋长、四川军政府成都府知事兼四川团务督办、四川靖国军第一军军长、四川省人民政府代省长、川军第一军军长等职务。中华人民共和国成立后，历任西南行政委员会委员兼司法部部长、四川省第一至三届政协副主席等职。工诗文、通易理、善书法，书法端肃敦厚、雄浑有力。北京香山孙中山衣冠冢、成都都江堰、成都郫都区望丛祠等地也有但懋辛题书的碑刻。

◎匾额

匪①皋②则伊③

◎款识

同治十一年④壬申仲秋月吉旦

新繁严树森敬书

钤印：严树森印　渭春

◎ 注释

①匪：通“非”，表示否定。

②皋：皋陶。上古时期华夏部落首领，舜的狱官，上古四圣（尧、舜、禹、皋陶）之一，后世尊为“中国司法始祖”。相传皋陶架构了中国最早的司法制度体系——“五刑”“五教”，强调“法治”与“德政”的结合，促进社会和谐，天下大治，形成“皋陶文化”。

③伊：伊尹，详见第75页。

④同治十一年：壬申年，即1872年。

◎ 译文

诸葛亮经国治民的才干，可以和皋陶、伊尹相提并论。

◎ 位置

诸葛亮殿

◎ 背景

严树森善诗工书，对篆刻治印亦有深入研究，其楷书承柳法，骨力遒劲、结体严谨。清同治十一年（1872年）夏，严树森被任命为广西按察使，离开成都前，为成都武侯祠题写匾额“匪皋则伊”。

◎ 作者简介

严树森（1814—1876年），初名澍森，字渭春，四川新繁人，祖籍陕西渭南。清道光二十年（1840年）庚子科举人，由捐纳内阁中书，改捐知县。咸丰九年（1859年），遵旨改名为“树森”。曾担任湖北东湖县、江夏县、荆门州、随州、武昌府等地方长官，及河南巡抚、湖北巡抚、广西按察使、贵州布政使、广西巡抚等官职。著有《鄂吏约》《皇朝中外一统舆图》《皇朝祭器乐舞录》《胡文忠公年谱》《楚汉诸侯疆域志》等。

◎ **匾额**

伊①周②经济

◎ **款识**

大清同治六年③岁次丁卯小阳月④谷旦

钦命署理⑤四川等处提刑按察使司按察使统辖驿传事务随带军功加一级纪录十次咸阳冯昆沐手敬书⑥并题

朱永兴、全兴成、同泰源、朱雨益、彭世贤、济源生、源顺通、邓洪发、陈培荣敬献

钤印：冯昆之印

◎ 注释

① 伊：伊尹，详见第75页。

② 周：周公。姬姓，名旦，周文王姬昌的第四子，周武王姬发的弟弟，两次辅佐周武王东讨商纣王，并制作礼乐。其采邑在周，爵位上公，故称“周公”，是西周初期杰出的政治家、军事家、思想

家、教育家，被尊为“元圣”和儒学先驱。周公一生功勋卓著，《尚书大传》概括：“一年救乱，二年克殷，三年践奄，四年建侯卫，五年营成周，六年制礼乐，七年致政成王。”周公摄政七年，完善了宗法制度、分封制、嫡长子继承法和井田制，之后归政周成王，正式确立了周王朝的嫡长子继承制，为周朝的统治奠定了基础。

③ 同治六年：丁卯年，即1867年。

④ 小阳月：农历十月，《事物异名别称词典》引明《五杂俎》：“四月多寒，而十月多暖，有桃李生华者，俗谓之小阳春。”

⑤ 署理：代理。

⑥ 沐手敬书：沐手指用清水洗手。沐手敬书是书法家题字时惯用的敬辞，表示恭敬。

◎ 译文

诸葛亮治理国家的才干如同伊尹、周公一样高明。

◎ 位置

诸葛亮殿

◎ 背景

该匾额由当时成都的九家商号共同出资敬献，请时任四川按察使的冯昆题写。朱永兴、全兴成、同泰源、朱雨益、彭世贤、济源生、源顺通、邓洪发、陈培荣是商号名。九家商号中的全兴成是位于成都暑袜街36号的烧坊，是当时成都最著名的老字号，酿造的全兴酒名冠蓉城，也是今天四川全兴酒业有限公司的前身。

◎ 作者简介

冯昆（生卒年不详），字春膏，号玉冈，陕西咸阳人。清道光二十四年（1844年）举人，授湖南慈利知县，因善理民政，升任道州知州。咸丰二年（1852年）四月，太平军进击道州，冯昆率“乡团”抵抗，因得到四川总督骆秉章举荐，升任岳州知府。咸丰六年（1856年）督办祁阳军务。后调署四川建昌道，同年升署四川按察使。后病逝于任上。

◎ 题字

澹泊①明志　宁静②致远

◎ 注释

① 澹泊：又作“淡泊”，不追求名利。

② 宁静：心情平静沉着。

◎ 译文

恬淡寡欲不追求名利才能明确志向，心态平静沉着才能实现远大志向。

◎ 位置

诸葛亮殿

延伸

题字内容出自诸葛亮《诫子书》。《诫子书》是诸葛亮写给儿子诸葛瞻（一般认为是诸葛亮写给儿子诸葛瞻，也有学者认为是写给诸葛乔）的一封家书，全文86个字："夫君子之行，静以修身，俭以养德。非澹泊无以明志，非宁静无以致远。夫学须静也，才须学也，非学无以广才，非志无以成学。慆（淫）慢则不能励精，险躁则不能治性。年与时驰，意与日去，遂成枯落，多不接世，悲守穷庐，将复何及！"文中诸葛亮劝勉儿子修身养德、勤学立志，要有大智慧和远大的志向。

《诫子书》文章短小精悍、言简意赅，文字平实清雅、简练严谨，将父亲的爱子之情表达得情深意切，是一篇充满智慧之语的家训，也成为后世学子修身立志的千古名篇。

《诫子书》中的名句"非澹泊无以明志，非宁静无以致远"非诸葛亮原创。春秋时期文子，著有《文子》一书，书中卷十《上仁篇》："老子曰：'君子之道，静以修身，俭以养生……非淡漠无以明德，非宁静无以致远，非宽大无以并覆，非正平无以制断。'"西汉刘安《淮南子》卷九《主术训》中也有"是故非澹薄无以明德，非宁静无以致远，非宽大无以兼覆，非慈厚无以怀众，非平正无以制断"之论。诸葛亮将其精炼融合写入《诫子书》，使其发扬光大，成为千古佳句。

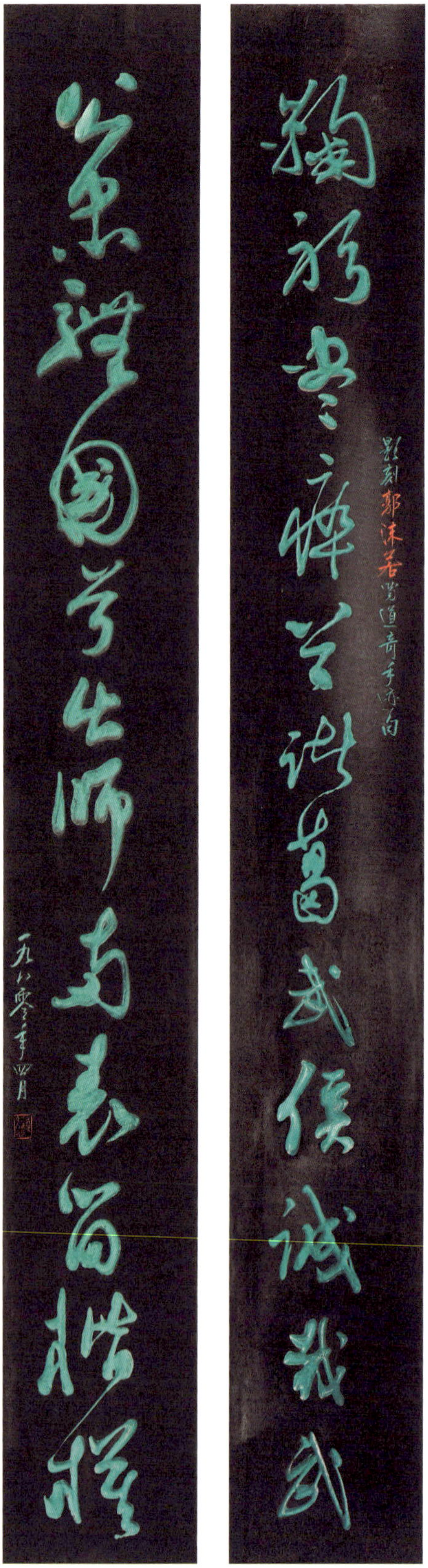

◎ 楹联

鞠躬尽瘁①兮，诸葛武侯诚哉武；

公忠②体国③兮，出师两表留楷模。

◎ 款识

影刻郭沫若蜀道奇手迹句

一九八零年四月

钤印：成都武侯祠文管所

◎ 注释

①鞠躬尽瘁：恭敬谨慎，勤勤恳恳，尽心竭力，奉献一切。出自后《出师表》最后一段："臣鞠躬尽瘁，死而后已。至于成败利钝，非臣之明所能逆睹也。"

②公忠：公正忠诚，尽忠为公。《庄子·天地》："吾谓鲁君曰：'必服恭俭，拔出公忠之属而无阿私，民孰敢不辑！'"成玄英疏："拔擢公平忠节之人。"《韩非子·三守》："群臣持禄养交，行私道而不效公忠，此谓明劫。"《后汉书·张酺传》："左中郎将何敞及言事者多讼酺公忠，帝亦雅重之。"

③体国：创建或治理国家。西晋陆机《汉高祖功臣颂》："体国垂制，上穆下亲。"南朝梁刘勰《文心雕龙·奏启》："刘颂殷勤于时务，温峤恳恻于费役，并体国之忠规矣。"

◎ 译文

诸葛亮一生鞠躬尽瘁，死后谥号"忠武侯"，名副其实；他在前后《出师表》中留下的公正、忠心、忧国的精神，被后世视为人臣的楷模。

◎ 位置

诸葛亮殿

◎ 背景

楹联影刻自郭沫若诗歌《蜀道奇》的手稿。《蜀道奇》是郭沫若1961年9月18日乘"江泸轮"出三峡时在船上所作的长诗，他说："李白曾作《蜀道难》，极言蜀道之险，视为畏途，今略拟其体而反其意，作《蜀道奇》。"

◎ 作者简介

郭沫若，见第79页。

◎ 匾额

钟楼

◎ 款识

壬戌①秋　半黎

钤印：半黎

◎ 注释

① 壬戌：1982年。

◎ 译文

悬挂大钟的楼阁。

◎ 位置

钟楼

◎ 作者简介

李半黎（1913—2004年），原名李周裕，河北高阳人。曾任四川省书法家协会主席、中国书法家协会理事。先后担任《川东报》总编辑，《四川农民报》总编辑，《四川日报》副总编辑、总编辑、社长等职。初学颜真卿，后取怀素、何绍基诸家之长，书风豪放但不失婉约。

鐘樓

鼓樓

◎ **匾额**

鼓楼

◎ **款识**

壬戌①初夏

陈雷

钤印：陈雷之印

◎ 注释

① 壬戌：1982年。

◎ 译文

放置大鼓的楼阁。

◎ 位置

鼓楼

◎ 作者简介

陈雷（1917—2006年），笔名老泉山人，黑龙江桦川人，著名书法家。曾任中共中央顾问委员会委员、中共黑龙江省委副书记、黑龙江省人民政府省长、中共黑龙江省顾问委员会主任等职务。

义重桃园

三义共庙

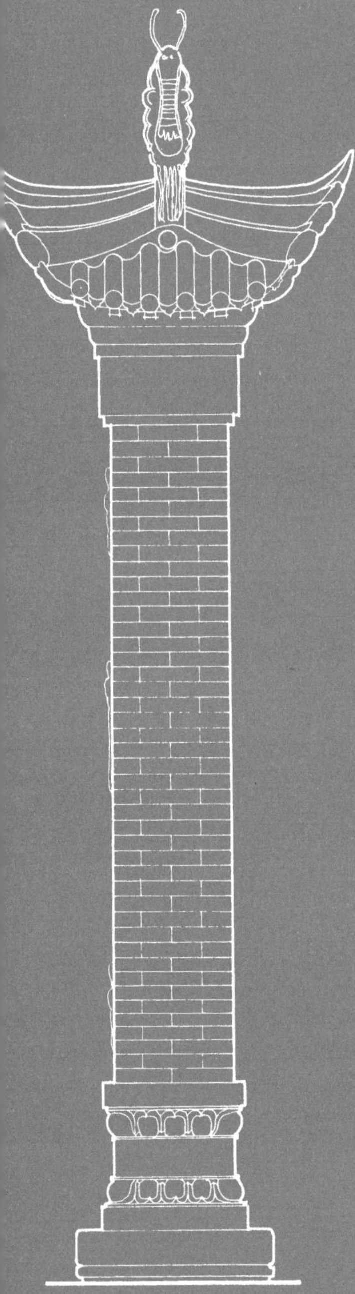

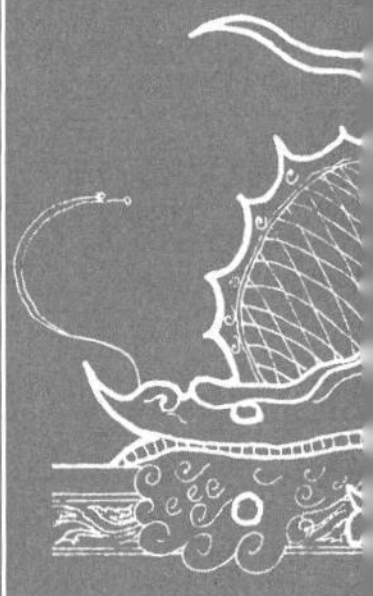

“同休等戚、祸福共之。”刘备、关羽、张飞三人恩若兄弟、义贯古今。三义庙是专祀三人之祠庙，从成都市提督街迁建而来，处诸葛亮殿北。拜殿、大殿和两廊组成四合院落，主次分明、错落有致。三义庙的匾联，赞“兄弟情深，生死相伴”，叹“君臣协力，名垂千古”，与祠庙古建互为表里，相得益彰。

Sworn Brothers with Unbreakable Tie

Sanyi Temple

Liu Bei, Guan Yu and Zhang Fei were like brothers and shared weal and woe. Their faithfulness and brotherhood have survived all the passing years. Sanyi Temple is dedicated to the three. It was moved from Tidu Street in Chengdu and is located in the north of Zhuge Liang Temple, forming a quadrangle courtyard together with the worship hall, the main hall and two corridors, which features a clear distinction between the primary and the secondary and a well-proportioned layout. The plaques and couplets of Sanyi Temple praise "the strong bond of brothers and companionship beyond life and death" and eulogize "the joint effort by the emperor and his minister which earned them a never-fading reputation". Those works have become an integral part of the complex and complement the ancient shrine.

三義廟
君臣扶社稷

◎ 匾额

三义①庙

◎ 注释

①三义：指刘备、关羽、张飞三人，他们以“忠义”著称。民间认为刘备“仁义”、关羽“忠义”、张飞“仗义”。

◎ 译文

供奉刘备、关羽、张飞三义士的祠庙。

◎ 位置

三义庙拜殿

延伸

历史上通常将刘备、关羽、张飞三人并称为“三义”，这来源于三国故事中“桃园结义”的典故。“桃园结义”最早出现于元代。元代《三国志平话》中有《桃园结义》一节，元杂剧中也有《刘关张桃园三结义》一剧。元末明初，小说家罗贯中采集文献资料和民间传说，在《三国演义》首回“宴桃园豪杰三结义”中，对刘备、关羽、张飞的结义经过进行了形象细致的描写。随着《三国演义》的广泛传播，“桃园结义”故事的影响愈大，刘、关、张三人的忠义形象深入人心，逐渐成为对“义”这一核心价值的典型诠释。明代李贽《题关公小像》：“古称三杰，吾不曰萧何、韩信、张良，而曰刘备、张飞、关公。古称三友，吾不曰直、谅与多闻，而曰桃园三结义。呜呼！唯义不朽，故天地同久。”

“桃园结义”故事，其创作有一定的史实依据，不能视为纯粹的虚构。《三国志·关羽传》：“先主于乡里合徒众，而羽与张飞为之御侮。先主为平原相，以羽、飞为别部司马，分统部曲。先主与二人寝则同床，恩若兄弟。”《三国志·张飞传》：“少与关羽俱事先主。羽年长数岁，飞兄事之。”《三国志·费诗传》：“今汉王以一时之功，隆崇于汉升，然意之轻重，宁当与君侯（关羽）齐乎！且王与君侯，譬犹一体，同休等戚，祸福共之，愚为君侯，不宜计官号之高下，爵禄之多少为意也。”《三国志·关羽传》：“初，曹公壮羽为人，而察其心神无久留之意，谓张辽曰：‘卿试以情问之。’既而辽以问羽，羽叹曰：‘吾极知曹公待我厚，然吾受刘将军厚恩，誓以共死，不可背之。吾终不留，吾要当立效以报曹公乃去。’辽以羽言报曹公，曹公义之。”可见，《三国志》的许多内容清楚地说明了刘、关、张三人关系亲密，“恩若兄弟”。这为“桃园结义”故事的产生提供了史料依据。清代梁章钜《三国志旁证》卷二十三《关羽传》评论："世俗桃园结义之事，即本此语而演之。"卷二十三《张飞传》评论："此亦足为俗传兄弟之一证。"

三义庙，亦称"三义祠""三义宫""结义庙"等，是专门纪念刘备、关羽、张飞的祠庙，亦有作为祠庙组成部分的专门纪念刘备、关羽、张飞的殿宇，被称为"三义殿"。现存于世的三义庙或三义殿数量不多，分布于河北、河南、湖北、四川、山西、陕西、甘肃、浙江、福建等地，主要包括：河北涿州三义宫、河北涞水娄村三义庙、河南武陟三义庙、湖北襄樊三义庙、四川大邑三义庙、四川成都武侯祠三义庙、山西稷山西位三义庙、山西稷山太阳三义庙、山西阳泉义东沟三义庙、山西盂县三义庙、山西乡宁结义庙、山西襄汾丁村三义庙、山西洪洞北马驹三结义庙、陕西西安祖庵三义庙、陕西宝鸡党家三义庙、陕西大荔蔡庄三义庙、甘肃武威古浪三义殿、浙江天台三义庙、福建泉州三义庙等。

成都武侯祠内的三义庙坐北朝南，由拜殿、大殿和东西厢廊组成。庙原址位于成都市提督街，始建于清康熙初年，康熙《成都府志》记载："三义祠，在城西，提督郑蛟麟鼎建。"乾隆四十九年（1784年），因焚香引起大火被毁。乾隆五十二年（1787年）重建。道光二十二年（1842年）全面修葺，当时是四造五殿、多进四合院建筑，以中轴线对称布局，规模宏大。后因年久失修，建筑格局变为一进四合院。1981年，三义庙被公布为成都市文物保护单位。1997年，因旧城改造，三义庙被整体迁建至成都武侯祠博物馆内，于1998年1月竣工。

義重桃園

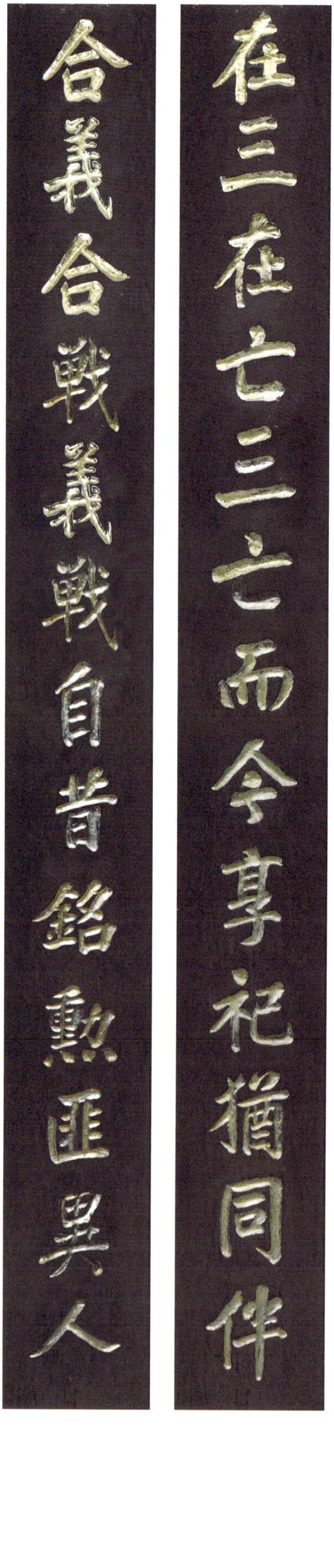

◎ 楹联

在①三在，亡②三亡，而今享祀③犹同伴；

合④义合，战义战，自昔铭勋⑤匪异人⑥。

◎ 注释

①在：活着，在世。

②亡：死亡，亡故。

③享祀：享受祭祀。

④合：聚合，聚义。

⑤铭勋：铭记功勋，《文选·张平子〈东京赋〉》："铭勋彝器，历世弥光。"

⑥异人：他人，别人。《诗经·小雅·頍弁》："岂伊异人？兄弟匪他。"《史记·老子韩非列传》："规异事与同计，誉异人与同行者，则以饰之无伤也。"

◎ 译文

三义士同生死、共患难，相伴相随享受后人祭祀；他们因"义"而聚、因"义"而战，古往今来荣誉功勋皆属这样的正义之士。

◎ 位置

三义庙拜殿

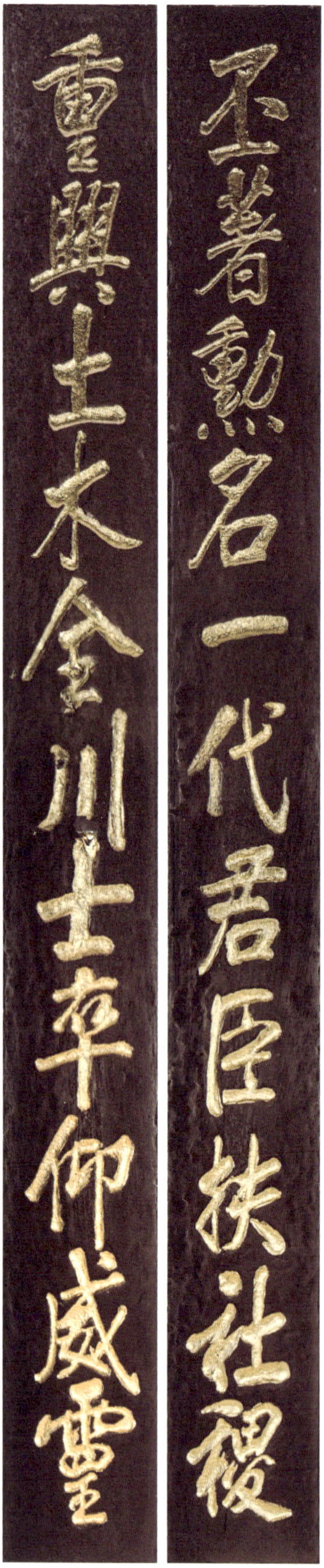

◎ 楹联

丕①著②勋名，一代君臣扶社稷③；

重兴土木④，全川士卒仰威灵。

◎ 注释

① 丕：大。

② 著：显明，显出。

③ 社稷：土神和谷神的总称，代指国家或朝廷。

④ 土木：指土木工程、建筑工程。

◎ 译文

一代君臣刘备、关羽、张飞毕生为兴复汉室、匡扶社稷奋斗，功勋和声誉显赫于世；全川将士景仰他们的威武英灵，重兴土木修建了三义庙。

◎ 位置

三义庙拜殿

◎ 楹联

异姓胜同胞①，应不数曹家昆季②；

丹心③昭白日，能再延汉室河山。

◎ 注释

① 同胞：同父母所生。语出《汉书·东方朔传》：“同胞之徒，无所容居，其故何也？”

② 昆季：兄弟。

③ 丹心：赤心，忠心。

◎ 译文

刘、关、张虽为异姓，却亲如同胞兄弟，胜过那曹丕、曹植；三义士丹心如白日般光明，使汉室江山得以延续。

◎ 位置

三义庙拜殿

◎匾额

义重桃园

◎款识

镇协①各营驻省提□②等敬

道光廿五年③五月吉日立

◎ 注释

①镇协：清代绿营的军制称呼。绿营由汉人编成，编为镇、协、营、汛，最高武职长官是提督（提督总兵官），统领一省绿营，因清代实施“以文制武”政策，受文官总督、巡抚节制。省下分若干镇，镇的长官为总兵。镇下分若干协，协的长官为副将。协下设营，长官有参将、游击、都司、守备。最基层长官是千总和把总，负责统领一汛，士兵数十名到上百名。正式名额外所任命的千总和把总，被称为“外委千总”和“外委把总”，职权与千总、把总相同，但品秩、俸饷略低，外委千总为正八品，外委把总为正九品。

②□：提字后疑似缺一字，待考。

③道光廿五年：1845年。

◎ 译文

桃园结义恩义深重。

◎ 位置

三义庙大殿

◎匾额

神圣①同臻②

◎款识

道光乙巳年③艾月④吉旦

靴鞋行众姓弟子立

◎ 注释

①神圣：形容崇高、尊贵、庄严、不可亵渎。

②臻：至，达到。

③道光乙巳年：道光二十五年，即1845年。

④艾月：农历五月。

◎ 译文

三义士共同达到神圣的境界。

◎ 位置

三义庙大殿

延伸

纵观历史和典籍，“贩履”之人中，有名有姓、声名远播、影响最大的当属三国蜀汉皇帝刘备。关于刘备的出身，据史料考据，他确是汉代皇室的后代，其祖先可追溯到西汉景帝刘启的儿子——中山靖王刘胜。《三国志·先主传》记载：“先主姓刘，讳备，字玄德，涿郡涿县人，汉景帝子中山靖王胜之后也。”到刘备这一代，因家道中落，父亲早逝，早年生活非常艰苦，卖过鞋、织过席。《三国志·先主传》：“先主少孤，与母贩履织席为业。”因为刘备“贩履织席”的经历，《三国演义》中，多次刻画刘备被袁术、曹操、陆绩等人耻笑为“织席贩履之辈”的场景。

明清时期，随着民间各类行会兴起，与制鞋、修鞋、卖鞋相关的行业开始尊称刘备为“祖师爷”。清代，成都靴鞋行会每年都要到成都武侯祠或者三义庙（清代为独立祠庙，位于成都提督街）去拜祭刘备，并协调关系、洽谈生意、制订条款、调解纠纷等。

◎ 楹联

遗庙近昭陵①，问魏吴而今安在？
万年垂②汉统③，看英雄此日何如。

◎ 注释

①昭陵：汉昭烈陵（又称惠陵、刘备墓）的省称。

②垂：留下，流传。

③汉统：汉室的国祚、道统，《三国演义》第八十五回：“孔明曰：‘国不可一日无君；请立嗣君，以承汉统。’”

◎ 译文

三义庙仍在汉昭烈陵旁矗立，试问当年的魏、吴如今遗迹何处可寻？汉室的道统因三义士而万年永续，论英雄还得看他们今天是否被万民景仰。

◎ 位置

三义庙大殿

矢肝胆於桃園當年臣主稱三義
名於竹策此日英靈鎮兩川

◎ 楹联

矢①肝胆于桃园，当年臣主②称三义；
□□③名于竹策④，此日英灵镇两川。

◎ 注释

①矢：立誓。

②臣主：此指刘备、关羽、张飞。

③□□：此处缺二字，待考。

④竹策：此指史册。

◎ 译文

刘备、关羽、张飞于桃园立誓为国尽忠，当年的君臣三人被称为“三义”；他们的功勋和声名已载入史册，如今英灵还镇佑着两川。

◎ 位置

三义庙大殿

延伸

此联为抱柱联。抱柱联是指悬挂在楹柱上的楹联，刻在弧形木板或竹板上，弧度与圆柱相合，形成“抱”势。

◎ 楹联

义烈重桃园，卅①载益梁②存汉祀；
勋名昭竹帛③，千秋灵爽④佐⑤清朝。

◎ 注释

① 卌（xì）：四十。

② 益梁：益州和梁州，此处代指蜀汉政权。西汉元封五年（前106年），分全国为十三部，置刺史，益州部为其中之一，其治在雒县（今四川省广汉市），范围大致是今四川、贵州、云南及陕西汉中盆地。东汉中平五年（188年），刘焉领益州牧，将州治迁到绵竹。兴平元年（194年），因绵竹城火灾，刘焉又将治所迁往成都。此后，益州兼有成都别名之意，这一称谓沿用至西晋末年。蜀汉景耀六年（263年），魏灭蜀汉，分割益州，另置梁州，各领八郡。梁州初治沔阳（今陕西省勉县），西晋太康年间移治南郑（今陕西省汉中市），辖区大致为秦岭以南，子午河、任河以西，四川青川、江油、中江、遂宁和重庆璧山、綦江等地以东，大溪、分水河以西及贵州桐梓、正安等地。

③ 竹帛：书籍，史书。

④ 灵爽：精气，神灵。

⑤ 佐：辅佐，辅助。

◎ 译文

三义士因崇尚大义而桃园结义，他们齐心奋斗建立雄踞西南四十余年的蜀汉王朝，延续汉室正统；史书中记载他们的赫赫功勋，千年的神灵精气护佑着大清王朝。

◎ 位置

三义庙大殿

◎ 楹联

叹①英雄自昔如斯，虽当戎马驱驰，常怀北阙②；

问吴魏而今安在，争③似君臣俎豆④，永重西川⑤。

◎ 注释

① 叹：感叹。

② 北阙：原指古代宫殿北面的城楼，后通指帝王宫禁或朝廷，此处借指汉朝帝王和汉王朝。

③ 争：怎。

④ 俎豆：俎、豆是古代祭祀用的两种礼器，借指祭祀。

⑤ 西川：古代的行政区域，始于唐代。唐至德二年（757年），分剑南节度使为剑南东川节度使和剑南西川节度使，剑南东川简称“东川”，剑南西川简称“西川”。剑南西川节度使治所在成都府，长期管辖包括今成都平原及其以西、以北，雅砻江以东的地区。北宋至道三年（997年），定天下为十五路。西川路，治益州（今四川省成都市）。从此“西川”一词便为人熟知。

◎ 译文

慨叹英雄们古往今来都如此，即使征战疆场，也仍以朝廷、国家为重；试问那吴、魏而今遗迹何处可寻？怎比得上三义士受后人祭祀，英名永留西川！

◎ 位置

三义庙大殿

惠风和畅

亭台楼榭

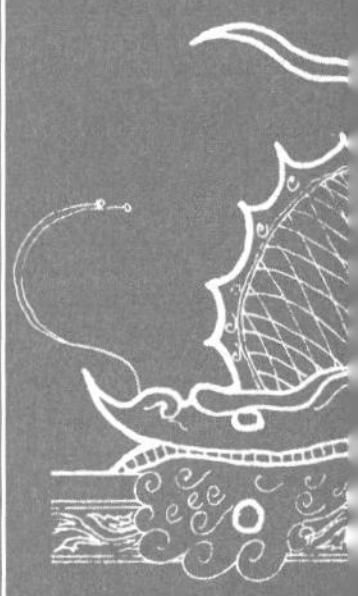

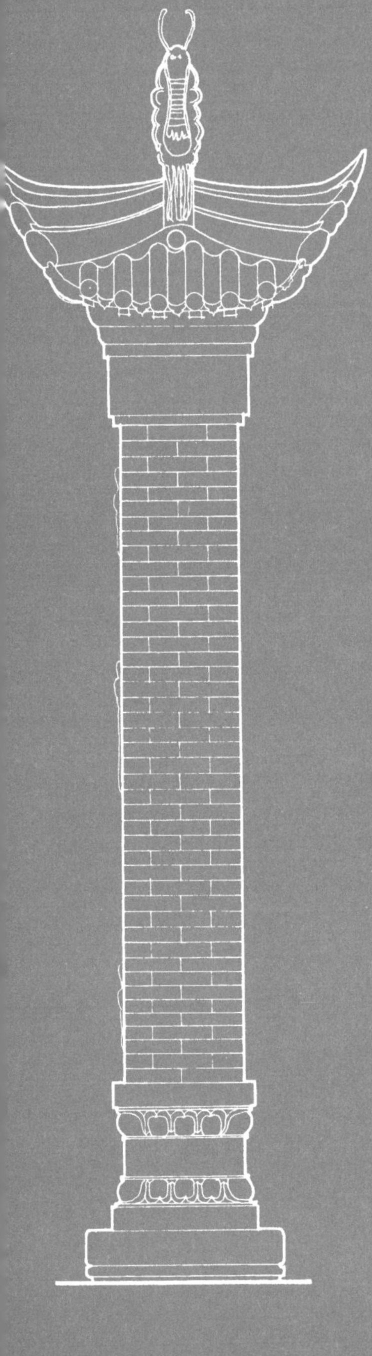

庄严肃穆的祠庙建筑群和陵寝建筑群间，园林景观建筑呈星状点缀，楼亭轩榭、圆门小桥、花墙通道、假山荷池……形制多样、简约古雅，川西园林融合于亭台楼榭中，形成清幽静谧的园林景观特色。此篇匾额多是园林景观建筑的名称，楹联紧扣三国文化，又着眼于景观特点，为古老的祠庙增添几抹意趣。

Gentle and Pleasant Breeze

Pavilions, Terraces, and Gazebos

The solemn ancient temple complex and the mausoleum are dotted with sparse garden buildings, such as pavilions, gazebos, round gates, small bridges, tracery walls, rockery and lotus ponds. A vast variety of those forms, which are simple and elegant, are embraced by Western Sichuan style gardens, creating a tranquil landscape. Most of the plaques are the names of garden buildings and the couplets are closely related to both the Three Kingdoms culture and the characteristics of the landscape, adding a touch of charm to the ancient shrine.

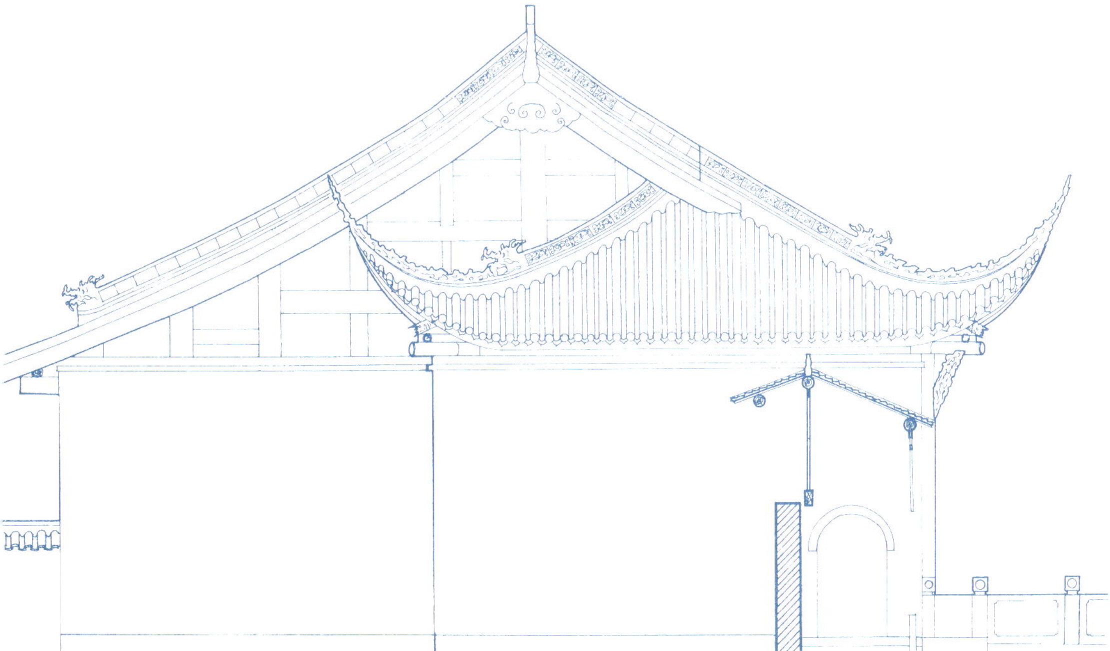

◎ 匾额

香叶①轩②

◎ 款识

一九八三年冬　张爱萍

钤印：张爱萍

此为武侯祠香叶亭故址，现建为轩，仍本杜诗『香叶曾经宿鸾凤』句意，以香叶名之。

甲子年③二月

钤印：成都武侯祠文管所

◎ 注释

①香叶：出自杜甫《古柏行》中诗句："香叶终经宿鸾凤"。

②轩：有窗的长廊或小屋。

③甲子年：1984年。

◎ 译文

树叶芳香的小屋。

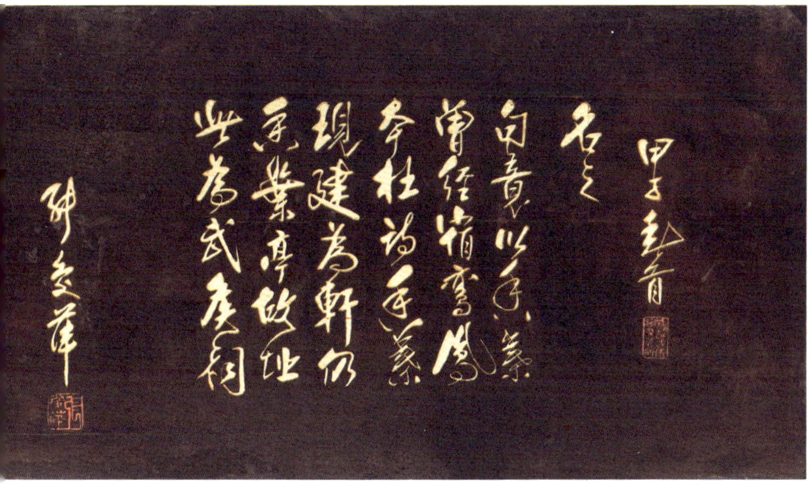

◎ 位置

香叶轩

◎ 背景

1983年，成都武侯祠全面恢复原道院的“听鹂馆”“香叶轩”“静香径”“芝圃”旧貌，香叶轩恢复重建。香叶轩位于和畅园北，南邻碧草园，廊院式建筑，包括香叶轩、文创中心和东、北侧连廊。该匾额是香叶轩建筑恢复之后张爱萍将军为成都武侯祠题写，匾额右侧的说明文字是1984年2月书法家方滨生补记。

◎ 作者简介

张爱萍（1910—2003年），出生于四川达县（今达州市），中国人民解放军高级将领，无产阶级革命家、军事家，现代国防科技建设的领导人之一。1955年被授予上将军衔，曾获一级八一勋章、一级独立自由勋章、一级解放勋章、一级红星功勋荣誉章。他的书法以行草见长，笔走龙蛇，龙飞凤舞，气势开张，深得张旭、怀素之精髓，又融会贯通、灵活应用。

方滨生，见第68页。

◎ **楹联**

映①阶碧草自春色；

隔叶黄鹂空好音②。

◎ **款识**

录杜甫蜀相③句

癸亥④冬杨超

钤印：杨超

◎ 注释

①映：衬映。

②好音：悦耳的声音。

③蜀相：此联录杜甫《蜀相》第三、四句。成都武侯祠按照三国文脉打造园林景观，“丞相祠堂何处寻，锦官城外柏森森。映阶碧草自春色，隔叶黄鹂空好音”准确地概括了成都武侯祠柏树森森、清幽静谧的园林景观特色。

④癸亥：1983年。

◎ 译文

碧草衬映石阶，不过自为一片春色，黄鹂在密叶间啼鸣，空有美妙婉转的歌声。

◎ 位置

香叶轩

◎ 作者简介

杨超（1911—2007年），原名李文彦，生于四川达县（今达州市）。1929年参加革命，1932年5月加入中国共产党。中华人民共和国成立之后，主动申请回四川工作，曾任川南区中共泸州地委书记，全国总工会西南办事处副主任、主任，四川省总工会主席，中共四川省委书记处书记，四川省人民政府副省长，中共四川省委书记等职。他博览群书、怡情翰墨，手绘丹青、笔耕不辍，著述达四百余万字，为传统文化的传承和创新不遗余力。

◎ 匾额

静香①径②

◎ 款识

朱学范
一九八四年春
钤印：朱学范印

◎ 注释

①静香：此处是取道教中“静”“香”二字内涵。

②径：小路，步道。

◎ 译文

雅静幽香的小路。

◎ 位置

香叶轩

◎ 作者简介

朱学范（1905—1996年），上海金山人，近代中国劳工运动领袖，著名的政治活动家。积极创建民革，拥护中国共产党的领导，为巩固和发展爱国统一战线、坚持和完善中国共产党领导的多党合作和政治协商制度做出不懈努力。中华人民共和国成立后，曾任邮电部部长、中国国际交流协会副主席、中国国际友谊促进会会长、中国和平统一促进会会长、第七至九届全国总工会副主席、中国集邮协会名誉会长、中国职工对外交流中心名誉会长、中国红十字会名誉会长等职。

延伸

清嘉庆二十五年（1820年）夏，曾任华阳知县的王梦庚拜谒成都武侯祠，见东香亭旁的小径幽深盘曲、翠竹扶疏，有超然出尘之感。于是，他取道教中“静”“香”二字内涵，为小径取名“静香”。清代潘时彤《昭烈忠武陵庙志》：“静香径，由藕船西南行，曲径逶迤，旁通道院。古桂连蜷，修竹阴翳，地极幽僻。前任华阳王西躔明府颜曰‘静香’。”清代王梦庚《静香径跋》：“道人结瓢于祠院之东香亭，廓而新之，门径幽折，竹树扶疏，有翛然出尘之致。因颜为额，诚以归根曰静，五千言之旨也。静以致远，则进乎道矣。传香引德，惟香亭勖诸。嘉庆庚辰夏日题。”现今的静香径是1983年恢复重建而成。

◎ 楹联

山当①好处湖增艳；

梅正开时雪亦②香。

◎ 款识

何绍基

钤印：何绍基印　子贞

◎ 注释

①当：在。

②亦：也。

◎ 译文

青山掩映，翠湖增色；寒梅怒放，雪亦幽香。

◎ 位置

香叶轩

◎ 作者简介

何绍基（1799—1873年），字子贞，号东洲居士，晚号猿叟（一作蝯叟），湖南道州（今永州市道县）人，晚清诗人、画家、书法家，历嘉庆、道光、咸丰、同治四朝。曾任翰林院编修，国史馆协修、纂修、总纂，国史馆提调，福建、贵州、广东乡试考官等。清咸丰二年（1852年），经侍郎张芾保举，特旨简放四川学政。咸丰五年（1855年），被罢官。晚年曾在山东泺源、长沙城南任教，又主持苏州、扬州书局。通经史、律算，尤精小学，对金石碑版文字亦有研究，著《东洲草堂金石跋》；擅长诗词，著有《东洲草堂诗钞》。其书法初学颜真卿，又融汉魏而自成一家，尤擅草书，因其书法著称于世，被誉为“清代书法第一人”。

◎匾额

和畅①园

◎款识

集王羲之兰亭②惠风和畅字

庚辰③冬日并记

钤印：溯源寻芬

◎ 注释

① 和畅：语出王羲之《兰亭集序》："天朗气清，惠风和畅。"此为温和舒畅之意。

② 兰亭：即《兰亭集序》，又称《兰亭宴集序》。东晋永和九年（353年），王羲之在会稽山阴（在今浙江省绍兴市）的兰亭，组织了一次文人雅集，大家曲水流觞、饮酒作诗，王羲之为这些诗撰写序文。《兰亭集序》记叙了兰亭周围山水之美和聚会的欢乐场景，抒发了王羲之对生死无常的感慨，被称为"天下第一行书"。

③ 庚辰：2000年。

◎ 译文

清风温和通畅的庭院。

◎ 位置

和畅园

延伸

和畅园院落由鸣翠楼、绿雨轩、宝镜斋、讲解休息室等建筑组成，占地面积约1400平方米。和畅园正门由石拱桥引入，桥下水流与院内东侧园林景观相连，形成一片以水景、连廊、红墙、绿植相衬的庭院空间。

◎ 作者简介

王羲之（303—361年，一作321—379年），字逸少，琅琊（今山东省临沂市）人，东晋著名书法家，兼善隶、草、楷、行各体，有"书圣"之称。凭借门荫入仕，历任秘书郎、江州刺史、会稽内史，累迁右军将军，人称"王右军"。

集字者不详，待考。

◎ 楹联

王书①顾画②堪③游目④；

蜀石吴枝足骋怀。

◎ 款识

成都方北辰撰联

戊寅⑤钱绍武书

钤印：钱绍武

◎ 注释

①王书：指东晋书法家王羲之的书法，他被誉为“书圣”，代表作有《兰亭集序》。

②顾画：指东晋顾恺之的画，代表作有《女史箴图》《洛神赋图》等。

③堪：能。

④游目：与下联中“骋怀”都出自王羲之《兰亭集序》：“仰观宇宙之大，俯察品类之盛，所以游目骋怀，足以极视听之娱，信可乐也。”游目骋怀，意为纵目四望，开阔心胸。

⑤戊寅：1998年。

◎ 译文

王羲之的书法和顾恺之的画作境界深远，能够让人浏览鉴赏；蜀地的奇石和吴地的虬枝观赏价值极高，足以令人开畅胸怀。

◎ 位置

和畅园

◎ 作者简介

方北辰（1942— ），四川成都人。1967年毕业于西安交通大学电机工程系。1978年考取四川大学历史系中国古代史研究生，师从缪钺，先后获得历史学硕士、博士学位。1981年起在四川大学任教，曾任四川大学三国文化研究中心主任。1991年被授予“做出突出贡献的中国博士”称号，1993年被评为享受国务院特殊津贴学者。出版《诸葛亮传》《刘备:“常败”的英雄》《孙权:半生明主》《曹丕:文豪天子》《司马懿:谁结束了三国？》《吕布：“无敌”的失败者》《袁绍:庶出的盟士》《魏晋南朝江东世家大族述论》《三国志注译》《一个成都学者的精彩三国》等专著。

钱绍武（1928—2021年），江苏无锡人，雕刻家、画家、书法家，长期从事美术教育和美术理论工作。1942年师从无锡名画家开始学习传统国画，1951年毕业于中央美术学院并留校任教。1959年，毕业于列宾美术学院雕塑系，获艺术家称号。作品有《大路歌》《杜甫像》《江丰头像》《李大钊纪念像》《炎帝像》《李清照像》《严济慈像》《石家庄烈士像》等，1984年《江丰头像》获第六届全国美术展览银质奖章。出版《素描与随想》《钱绍武人体素描选集》等。

◎ 匾额

宝镜①斋②

◎ 款识

钱绍武题

钤印：钱绍武

◎ 注释

① 宝镜：珍贵的镜子。

② 斋：屋舍。

◎ 译文

藏有珍贵镜子的屋舍。

◎ 位置

宝镜斋

延伸

宝镜斋为三开间，歇山式屋面施筒瓦，建筑面积约30平方米，前后开敞，其东侧为木质亲水平台，与院内水景、连廊相连，现为文创展示用房。

◎ 作者简介

钱绍武，见第187页。

◎匾额

鸣翠①楼

◎款识

中石题

钤印：欧阳中石

◎ 注释

①鸣翠：出自杜甫《绝句》“两个黄鹂鸣翠柳”。

◎ 译文

有鸟鸣叫的华美楼阁。

◎ 位置

鸣翠楼

延伸

鸣翠楼建于20世纪七八十年代，两层七开间，东次间与和畅园大门相对，位于轴线上，硬山式屋面施筒瓦，东西两侧为封火山墙。鸣翠楼建筑面积约480平方米，第一层现为游客中心，南侧明间作垂花门；第二层现为其它用房，以一组叠石绿植环绕S形台阶延伸至二层外廊，与东侧园林景观互相呼应。

◎ 作者简介

欧阳中石（1928—2020年），山东肥城人，毕业于北京大学，曾任首都师范大学教授、博士生导师，全国政协委员，中国书法家协会顾问，中国画研究院院务委员，中央文史研究馆馆员。其书法妍婉秀美、潇洒俊逸，既有帖学之流美，又有碑学之壮大。

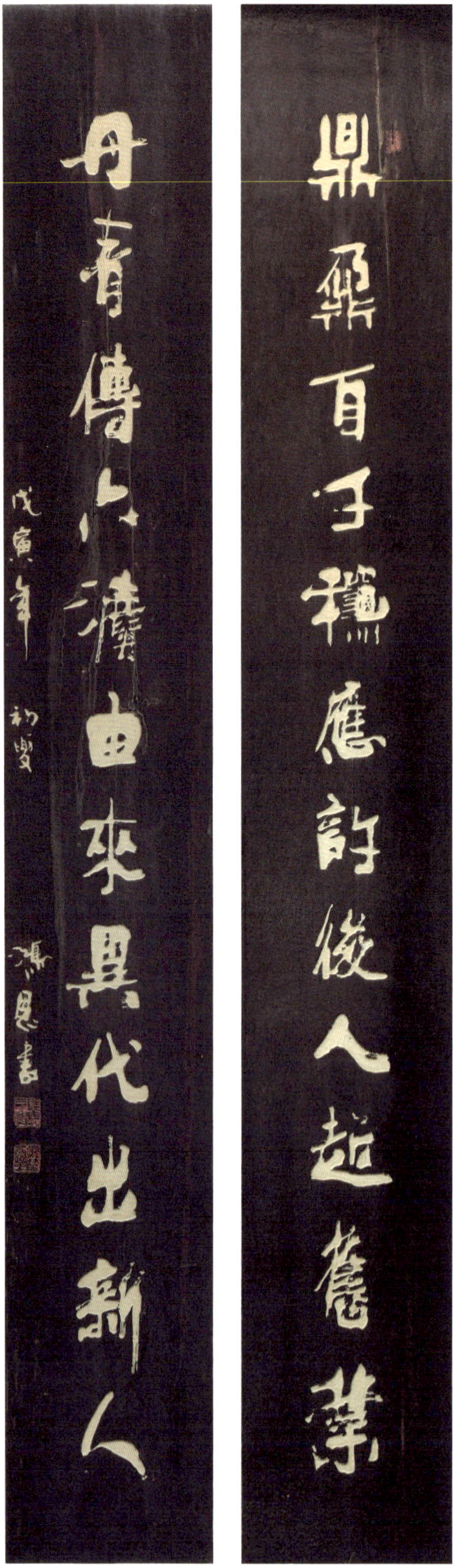

◎

楹联

鼎鼐①百千秋，应许后人超旧业；

丹青②传六法③，由来异代出新人。

◎

款识

戊寅年④初夏

鸿恩书

钤印：邬氏鸿恩

◎ 注释

①鼎鼐：鼎和鼐，古代两种烹饪器具，古代视为立国之重器，喻指宰辅之位、政权。

②丹青：丹是红色的朱砂，青是青色的石青，古代常以此为颜料，故代指绘画。

③六法：指中国绘画的总法则。南朝齐谢赫《古画品录》讲绘画有六法：气韵生动、骨法用笔、应物象形、随类赋彩、经营位置、传移模写。

④戊寅年：1998年。

◎ 译文

诸葛丞相的功业早已百世流芳，应该接受后人超过前人；绘画艺术中六法早已流传，历代一直以来都新人辈出。

◎ 位置

鸣翠楼

◎ 作者简介

邬鸿恩（1946— ），生于哈尔滨，毕业于中国人民大学中国文学专业，国家一级美术师、中国书法家协会会员，其书法集百家之长，碑帖结合，结字严谨、端庄、秀美，笔法灵活多变，线条拙朴而流畅。

◎匾额

碧草①园

◎款识

云泉

钤印：刘云泉

◎ 注释

①碧草：青草，出自杜甫《蜀相》诗句“映阶碧草自春色”。

◎ 译文

青草丛生的庭院。

◎ 位置

碧草园

延伸

碧草园位于刘备殿西侧，南接香叶轩。清代，该区域是祠内道士的居所，名为“紫阳洞”。1991年，原有院落经过维修，作为会议、接待场所。碧草园一进两院，由正门、鸳鸯亭、回廊、敞轩、大会议室等部分组成。

◎ 作者简介

刘云泉（1943— ），号鲶公，出生于四川射洪，当代杰出的书法家、画家，国家一级美术师。曾任中国书法家协会第二、三届理事，创作评审委员会委员。现为中国书法家协会理事兼评审员、四川省书法家协会副主席、四川省美术家协会会员。

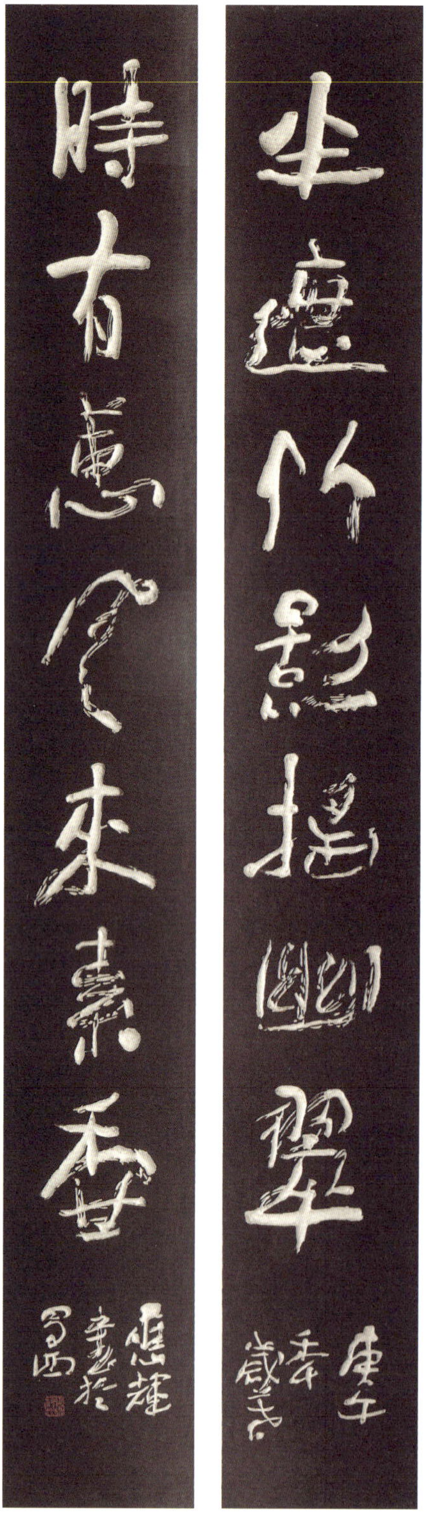

◎ 楹联

半遮竹影摇幽翠①；
时有蕙风②来素香。

◎ 款识

庚午③年岁暮
应辉书于蜀西
钤印：何应辉印

◎ 注释

①幽翠：深绿，指葱茏的草木。

②蕙风：和暖的春风。

③庚午：1990年。

◎ 译文

翠竹掩映的庭院中，葱茏的草木随风摇曳；和暖的春风不时吹过，送来阵阵幽香。

◎ 位置

碧草园

◎ 作者简介

何应辉（1946— ），四川江津（今重庆市江津区）人，国家一级美术师，现任中国书法家协会顾问，四川省书法家协会名誉主席，四川省诗书画院名誉院长，中国国家画院院务委员、研究员，四川大学、山东艺术学院、河北美术学院兼职教授，享受国务院政府特殊津贴。负责编审及撰稿《中国书法鉴赏大辞典》，主编《中国书法全集·秦汉刻石卷》《二十世纪四川书法名家研究丛书》。

◎匾额

桂荷[1]楼

◎款识

李一氓

钤印：李一氓

◎ 注释

①桂荷：桂花和荷花。

◎ 译文

一旁栽种桂花与荷花的楼阁。

◎ 位置

桂荷楼

延伸

此楼南面池塘中栽种荷花，池塘边又遍种桂花，故名桂荷楼。桂荷楼原名玉皇观、玉皇楼，1946年郭祝崧《成都春游三胜》记载："西椽是餐馆，北椽名为玉皇楼。"桂荷楼位于诸葛亮殿西侧，坐北朝南，平面呈长方形，是一栋两层楼阁式建筑。桂荷楼朝荷花池的一侧为走廊，走廊设飞来椅，枋头下设木雕撑弓，檐柱间加挂落装饰。

◎ 作者简介

李一氓（1903—1990年），四川彭州人，1925年加入中国共产党，参加过长征，并先后任陕甘宁省委宣传部长、新四军秘书长。抗日战争胜利后，先后任苏北区党委书记、华中分局宣传部长、大连大学校长等职。中华人民共和国成立后，任世界和平理事会常务理事、书记。1958年4月出任中国驻缅甸大使。1962年任国务院外事办公室副主任、中国人民外交学会副会长、中国人民保卫世界和平委员会副主席等职。1974—1982年，任中共中央对外联络部常务副部长、顾问等职。十一届三中全会上，当选中央纪律检查委员会副书记。中共十二大、十三大上，先后当选中央顾问委员会委员、常委。李一氓的书法雄浑磅礴、规整自然，功力厚重、隽秀舒朗，拙中有雅、韵味十足。

中有漢家雲

◎ 匾额

中有汉家云①

◎ 款识

丁丑②冬

豫叟③

钤印：咸荣

延伸

惠陵出寝殿东行，是芊芊翠竹簇拥的红墙夹道。茂林修竹掩映下的石板小道和红墙黛瓦蜿蜒延伸、沉静幽深，是成都武侯祠标志性景观之一。

◎ 作者简介

刘咸荣，见第47页。

◎ 注释

①云：借指龙，由《易经》“云从龙”而来。

②丁丑：1937年。

③豫叟：刘咸荣。

◎ 译文

这里有汉家真龙天子刘备的陵墓。

◎ 位置

红墙夹道

◎ 匾额

听鹂①苑②

◎ 款识

舒同

钤印：舒同之印

◎ 注释

① 听鹂：语出杜甫《蜀相》诗句“隔叶黄鹂空好音”。

② 苑：泛指园林、花园。

◎ 译文

可以听到黄鹂鸣叫的花园。

◎ 位置

听鹂苑（盆景苑）

延伸

听鹂苑位于惠陵以北，呈U形，半环墓冢，现为川派盆景展示园。

◎ 作者简介

舒同，见第89页。

聽鸝苑

群賢堂

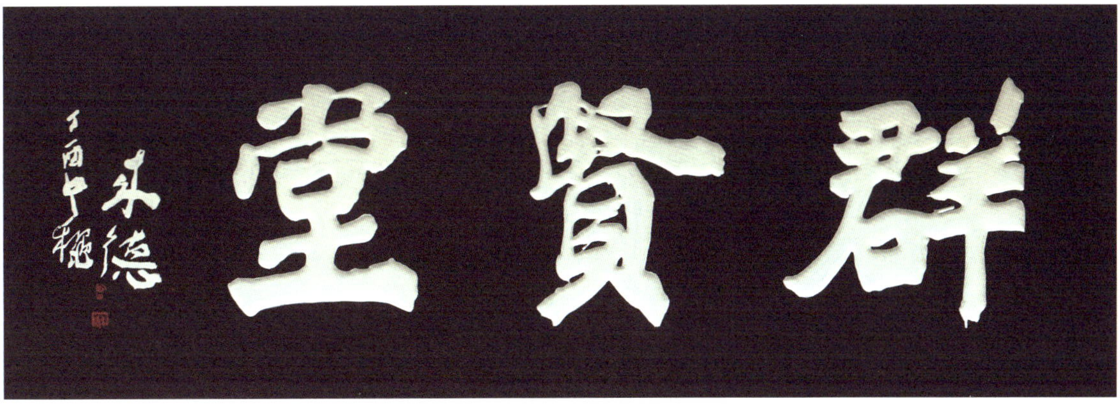

◎ **匾额**

群贤①堂

◎ **款识**

来德

丁酉②中秋

钤印：曾来德

延伸

群贤堂为两进廊院式院落。第一进院落由群贤堂、展廊、水榭、景观亭围合。主楼即群贤堂，楼高两层，五开间，三进深。第二进院落为廊院形式，由廊连接大厅、会客厅、休息厅。

◎ 作者简介

曾来德，1956年生，四川蓬溪人，国家一级美术师。20世纪80年代拜师我国著名书法家胡公石先生。他研究今人的审美，融合时代精神形成自身的书法风格，出版有《曾来德书法作品集》《现代书法坐标与演进序列》《书法的立场》等作品。

◎ 注释

①群贤：众多德才兼备的人。汉代班固《白虎通·谏诤》：“虽无道不失天下，仗群贤也。”东晋王羲之《兰亭集序》：“群贤毕至，少长咸集。”

②丁酉：2017年。

◎ 译文

众多德才兼备的人齐聚的殿堂。

◎ 位置

群贤堂

前贤功业

庙志遗珍

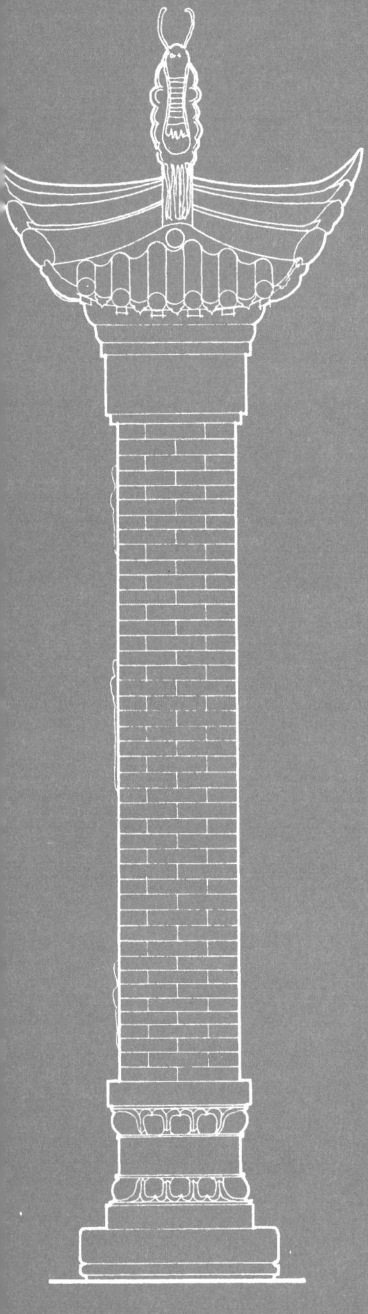

清道光九年（1829年）夏，成都府华阳县甲子科举人潘时彤纂成《昭烈忠武陵庙志》十卷，书中卷二附录当时成都武侯祠内匾联：匾额18块、楹联20副。岁月变迁、时移世易，这些匾联大部分已佚，仅少量留存。然而见微知著，曾经的匾联，是历史见证，从中可窥当年祠庙之格局、历史之沿革。今特以专篇纪念已佚匾联。

Accomplishments of Late Men of Virtue
Left Legacy of Annals

In the summer of the 9th year of the Daoguang Era during the Qing Dynasty (1829), Pan Shitong, a Juren in Huayang County, Chengdu Prefecture, compiled *Annals of Zhaolie and Zhongwu Mausoleum*, ten-volume annals dedicated to the shrine. The second volume of the annals records the plaques and couplets in the Chengdu Wuhou Shrine at that time: 18 plaques and 20 couplets. With vicissitudes of time, most of those plaques and couplets have been lost with only a few remaining. However, a glimpse of such plaques and couplets offers a wider picture of what the past was like and how the layout of the shrine evolved. Thus, a special chapter is dedicated to commemorating the lost plaques and couplets.

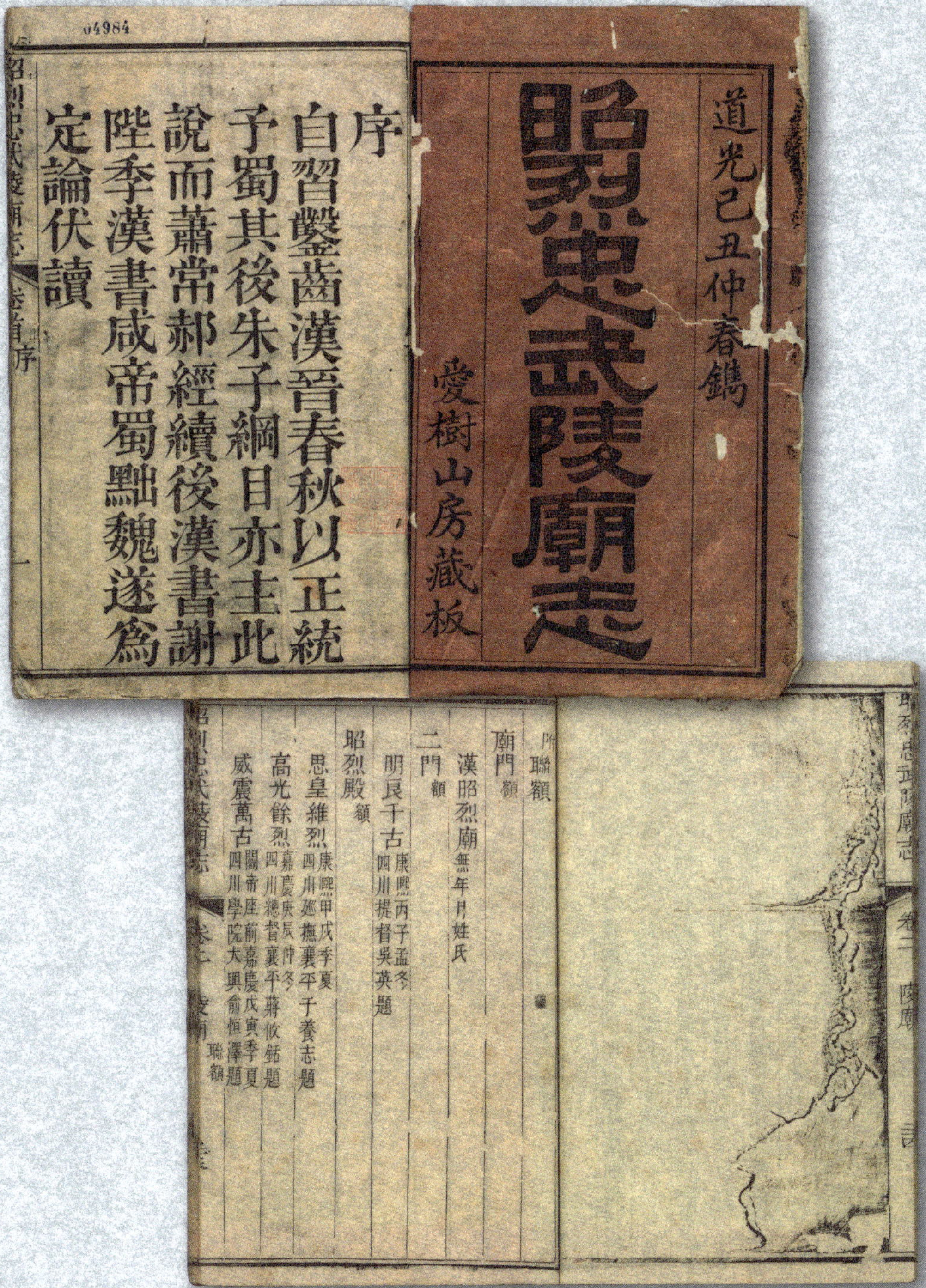
04984
昭烈忠武陵廟志 卷首 序
序
自習鑿齒漢晉春秋以正統予蜀其後朱子綱目亦主此說而蕭常郝經續後漢書謝陛季漢書咸帝蜀黜魏遂為定論伏讀
道光己丑仲春鐫
昭烈忠武陵廟志
愛樹山房藏板
昭烈忠武陵廟志 卷二 陵廟 聯額
聯額
廟門 額
漢昭烈廟 無年月姓氏
二門 額
明良千古 康熙丙子孟冬 四川提督吳英題
昭烈殿 額
思皇維烈 康熙甲戌季夏 四川巡撫襄平于養志題
高光餘烈 嘉慶庚辰仲冬 四川總督襄平蔣攸銛題
威震萬古 關帝座前 嘉慶戊寅季夏 四川學院大興俞恒澤題
昭烈忠武陵廟志 卷二 陵廟

◎ 匾额

思皇维烈①

◎ 款识

康熙甲戌②季夏

四川巡抚襄平③于养志题

◎ 注释

①烈：昭烈帝刘备的省称。

②康熙甲戌：康熙三十三年，即1694年。

③襄平：今辽宁省辽阳市。

◎ 译文

每每追思古代帝王就会想到昭烈帝。

◎ 位置

昭烈殿（现刘备殿）

延伸

清康熙十三年（1674年）正月，四川总兵吴之茂举兵响应反抗清政府的吴三桂，四川巡抚罗森、四川提督郑蛟麟投降，整个四川地区被反叛势力控制，成都武侯祠处于无人管理的状态，破坏比较严重，每年进行的春秋祭祀废弛。康熙三十二年（1693年），于养志出任四川巡抚，随即主持了成都武侯祠的修缮工作。工程主要对祠庙建筑中损坏的横梁、立柱等进行更换，对残断、缺失的墙垣进行补葺，但没有改变祠庙内的塑像格局。工程于康熙三十四年（1695年）秋竣工。同时，于养志奏请中央朝廷，恢复中断的春秋祭祀，得到批准。此事被记载在于养志撰文、吴树臣书丹的《诸葛忠武侯祠堂记》中。该碑立于成都武侯祠大门至二门间院落东侧，为自南向北第三通。

◎ 作者简介

于养志（？—1700年），襄平（今辽宁省辽阳市）人，曾任湖广布政使、偏沅巡抚等职。清康熙三十二年（1693年）出任四川巡抚。康熙三十九年（1700年）因走私藏茶、私收茶税等罪，被革职斩首。

◎ 匾额

高①光②余烈

◎ 款识

嘉庆庚辰③仲冬

四川总督襄平蒋攸铦题

◎ 注释

①高：西汉开国皇帝汉高祖刘邦。

②光：东汉开国皇帝光武帝刘秀。

③嘉庆庚辰：嘉庆二十五年，即1820年。

◎ 译文

刘备的蜀汉延续了汉高祖刘邦和光武帝刘秀的基业。

◎ 位置

昭烈殿（现刘备殿）

◎ 作者简介

蒋攸铦，见第50页。

◎ 匾额

汉家砥柱①

◎ 款识

嘉庆戊寅②桂月③

僰溪④刘有明题

◎ 注释

①砥柱：支柱。

②嘉庆戊寅：嘉庆二十三年，即1818年。

③桂月：农历八月，因八月桂花盛开，故称。

④僰溪：綦江河。代指四川綦江（今重庆市綦江区）。

◎ 译文

张飞是护卫汉室的中流砥柱。

◎ 位置

昭烈殿（现刘备殿）张桓侯座前

◎ 作者简介

刘有明，不详，待考。

◎ 匾额

威震万古①

◎ 款识

嘉庆戊寅季夏

四川学院②大兴③俞恒泽题

◎ **注释**

①万古：万代，万世。

②四川学院：即四川学政。“学政”全称“提督学政”，是清代地方文化教育行政官员，每省一人，由朝廷在侍郎、翰林、京堂、科道、部属等进士出身官员中选派，掌全省学校政令和岁、科两试，位在巡抚和布政使、按察使之间，三年为一任。

③大兴：今北京市大兴区。

◎ **译文**

关羽的声威影响千秋万代。

◎ **位置**

昭烈殿（现刘备殿）关帝座前

◎ 作者简介

俞恒泽（生卒年不详），字楚七，汉族，籍贯顺天大兴（今北京市大兴区），生活在浙江德清新市镇。清嘉庆四年（1799年）进士，嘉庆二十一年（1816年）出任四川学政。

◎ 匾额

丞相①祠堂②

◎ 注释

① 丞相：指诸葛亮。

② 祠堂：人们祭祀祖先、先贤的场所。

◎ 译文

诸葛丞相的祠堂。

◎ 位置

牌坊（今不存）

◎ 匾额

汉鼎枢机①

◎ 款识

道光五年②秋九月

古渝③陈廷楷题

◎ 注释

① 枢机：指中央政权的机要部门或职位。

② 道光五年：1825年。

③ 古渝：今重庆市。

◎ 译文

诸葛亮是汉室的股肱之臣。

◎ 位置

过厅

◎ 作者简介

陈廷楷，不详，待考。

◎ 匾额

神①以知来②

◎ 款识

嘉庆丙寅③仲春

吴郡④王少位题

◎ 注释

①神：出神入化的能力。

②来：未来。

③嘉庆丙寅：嘉庆十一年，即1806年。

④吴郡：古郡名，郡治在今江苏省苏州市。

◎ 译文

诸葛亮的能力出神入化，可以预知未来之事。

◎ 位置

武侯殿（现诸葛亮殿）

◎ 作者简介

王少位，不详，待考。

◎ 匾额

神①化②西南

◎ 款识

嘉庆庚辰仲春

四川总督襄平蒋攸铦题

◎ 注释

①神：精神。

②化：化育，滋养。

◎ 译文

诸葛亮的精神滋养着西南大地。

◎ 位置

武侯殿（现诸葛亮殿）

◎ 作者简介

蒋攸铦，见第50页。

◎ 匾额

为王者①师②

◎ 款识

嘉庆己巳③七月

四川布政使云间④姚令仪题

◎ 注释

①王者：君王，帝王。

②师：老师。“为王者师”最早见于《孟子·滕文公上》：“有王者起，必来取法，是为王者师也。”《史记·留侯世家》“张良受书”亦有此句：“读此则为王者师矣。”以上均为“可以做君王的老师”之意。

③嘉庆己巳：嘉庆十四年，即1809年。

④云间：今上海市松江区。

◎ 译文

诸葛亮堪任君王的老师。

◎ 位置

武侯殿（现诸葛亮殿）

◎ 作者简介

姚令仪（1754—1809年），字心禧，号一如，江苏娄县（今上海市松江区）人。年少能文，工书法。清乾隆四十二年（1777年）贡生，乾隆四十三年（1778年）朝考一等，以知县用。历任云南禄丰、易门知县，四川犍为、仁寿知县，四川雅州、成都知府，四川盐茶道，四川按察使等职。嘉庆十二年（1807年），任四川布政使。

◎ 匾额

表①垂②万古

◎ 款识

嘉庆丁卯③季春

四川成都知府刘佳琦题

◎ 注释

① 表：诸葛亮名篇《出师表》。

② 垂：流传。

③ 嘉庆丁卯：嘉庆十二年，即1807年。

◎ 译文

诸葛亮的《出师表》流传万世。

◎ 位置

武侯殿（现诸葛亮殿）

◎ 作者简介

刘佳琦（生卒年不详），江西新淦（今吉安市新干县）人。字步韩，一字相州，以监生充四库全书馆誊录。曾任绵州（今四川省绵阳市）州判、巴县（今重庆市）县丞、富顺县令、大竹知县、达州知州、绥定知府等职。清嘉庆元年（1796年），因剿灭达州白莲教获赏花翎。嘉庆十年（1805年）调补成都府。

◎ 匾额

开济①老臣

◎ 款识

嘉庆壬申②孟秋③

四川仪陇知县朱怀班题

◎ 注释

①开济：开创并匡济。取自杜甫《蜀相》中的“两朝开济老臣心”。

②嘉庆壬申：嘉庆十七年，即1812年。

③孟秋：秋季的第一个月，农历七月。

◎ 译文

诸葛亮是辅佐和匡济先主、后主两朝，开创蜀汉的忠贞臣子。

◎ 位置

武侯殿（现诸葛亮殿）

◎ 作者简介

朱怀班（生卒年不详），广西临桂人。清乾隆三十九年（1774年）举人，嘉庆十年（1805年）任仪陇知县。嘉庆十三年（1808年），曾在仪陇金城山南腰县署旧址重建县署。

◎ 匾额

志壹①神通②

◎ 款识

道光乙酉③孟春④

四川顺庆⑤知府王登墀题

◎ 注释

①壹：专一。

②神通：心念通达。

③道光乙酉：道光五年，即1825年。

④孟春：春季的第一个月，农历正月。

⑤四川顺庆：今四川省南充市。

◎ 译文

诸葛亮志向始终不变、心念通达。

◎ 位置

武侯殿（现诸葛亮殿）

◎ 作者简介

王登墀（生卒年不详），字彤轩，浙江嘉善人。清嘉庆十九年（1814年）以议叙州同参加剿匪有功，赏戴蓝翎。历任四川顺庆知府、江西南康知府等职。

◎ 匾额

忠存二表①

◎ 款识

道光乙酉孟冬

四川渠县知县黄之澜题

◎ 注释

①二表：诸葛亮的前后《出师表》。

◎ 译文

诸葛亮忠贞爱国的情操通过感人肺腑的前后《出师表》永远留存下来。

◎ 位置

武侯殿（现诸葛亮殿）

◎ 作者简介

黄之澜（生卒年不详），江西丰县人。由夹江县典史捐升知县，清嘉庆二十三年（1818年）任渠县知县，嘉庆二十四年（1819年）奉文补授。

◎ 匾额

圣贤①功业

◎ 款识

道光丙戌②小阳月

四川督标中军副将③平宁张琴题

◎ 注释

①圣贤：圣人与贤人的合称，指品德高尚、有超凡才智的人。

②道光丙戌：道光六年，即1826年。

③督标中军副将：清代绿营由地方上的总督、巡抚、将军等统辖。督标是总督直接统辖的绿营军队。各督标管辖营数不等，皆设中军副将一员，主持全标营务。四川督标有三营。

◎ 译文

品行高尚的诸葛亮犹如圣贤般建立了不朽功业。

◎ 位置

武侯殿（现诸葛亮殿）

◎ 作者简介

根据现有资料，未查得平宁张琴相关信息，仅平阳张琴其为官经历与匾额撰写时间较为一致，推测款识中“平宁”可能为“平阳”之误，特此说明，与读者商榷。

张琴（1786—1835年），字奏南，号韵斋，浙江苍南（今温州市苍南县）人，后移居蒲城。清道光元年（1821年），升任四川城守营参将。道光二年（1822年），与四川提督桂涵追剿中果洛克曲俊之乱，升任副将。道光十年（1830年），兼任军标中营副将。是年夏，特授云南临元镇总兵。道光十一年（1831年）秋，台湾嘉义等地作乱，授台湾镇总兵，镇守一方安宁。道光十五年（1835年），张琴病卒，清廷加谥振威将军。张琴墓位于蒲门积谷岭脚，1997年，公布为浙江省第四批文物保护单位。

◎ **匾额**

星①临②古益③

◎ **款识**

四川总督开泰题

◎ 注释

①星：杰出人物。

②临：到达，来到。

③古益：古代益州大地。

◎ 译文

诸葛亮这样的杰出人物犹如星辰般降临到古益州。

◎ 位置

官厅（今不存）

延伸

官厅，因位于汉昭烈庙大门东侧（今锦里三国茶园一带），又叫东官厅，还被称为“忠益堂”。清乾隆初年修建，作为每年祭社稷坛时官吏休息之用。官厅规模较大，包括大门、二门，前、后各三楹，左、右厢房各三楹。嘉庆二十五年（1820年）夏，曹霞城等官员率属下培修。清代潘时彤《昭烈忠武陵庙志》：“官厅前、后俱三楹，左、右厢房各三楹，大门、二门各一，在昭烈庙东偏，乾隆初年建修。每年致祭社稷坛，并迎送南路差使，于此小憩。嘉庆二十五年……仍将祠内官厅补修，顿复旧观”，“忠益堂：庙东官厅……向为往来迎送地。嘉庆庚辰夏，前任藩使曹霞城诸公率属培修”。

◎ 作者简介

开泰（？—1763年），乌雅氏，满洲正黄旗人。清雍正二年（1724年）进士，改庶吉士，授编修。雍正九年（1731年），迁侍讲。雍正十三年（1735年），复修编。乾隆元年（1736年），迁国子监司业。乾隆八年（1743年），迁祭酒，督江苏学政，再迁内阁学士，三迁兵部侍郎，仍留学政任。乾隆十年（1745年），授湖北巡抚。乾隆十三年（1748年），调湖南。乾隆十八年（1753年），擢湖广总督。乾隆二十年（1755年），调四川，乾隆二十至二十八年（1755—1763年）任四川总督。

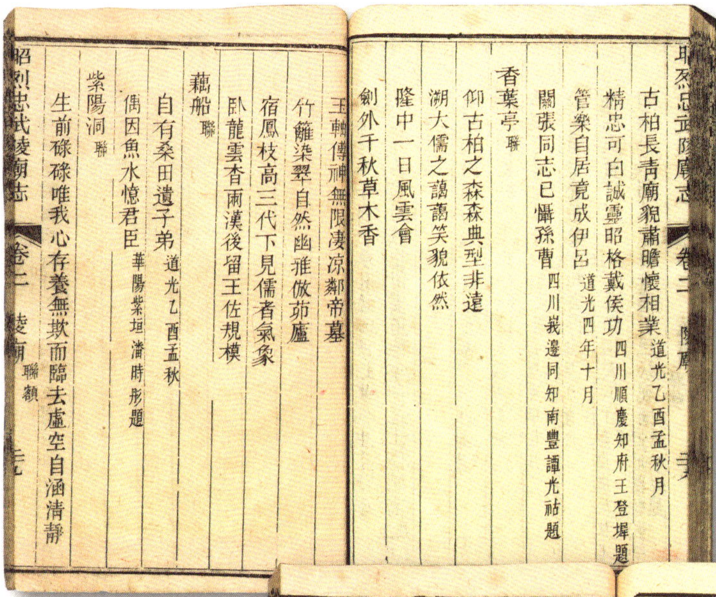

古柏長青廟貌肅瞻懷相業 道光乙酉孟秋月
精忠可白誠靈昭格戴侯功 四川順慶知府王登墀題
管樂自居竟成伊呂 道光四年十月
關張同志已懾孫曹 四川巖邊同知南豐譚光祜題
香葉亭聯
仰古柏之森森典型非遠
溯大儒之藹藹笑貌依然
隆中一日風雲會
劍外千秋草木香
玉輔傳神無限淒凉鄰帝墓
竹籬染翠自然幽雅倣茆廬
宿鳳枝高三代下見儒者氣象
卧龍雲杳兩漢後留王佐規模
藕船聯
自有桑田遺子弟 道光乙酉孟秋
偶因魚水憶君臣 華陽紫垣潘時彤題
紫陽洞聯
生前碌碌唯我心存養無欺而臨去虛空自涵清靜

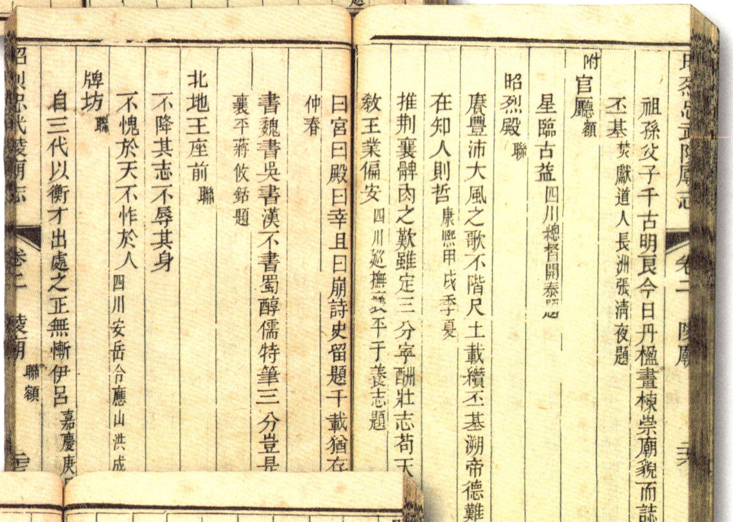

祖孫父子千古明良今日丹楹畫棟崇廟貌而誌後漢
丕基 焚獻道人長洲張清夜題
附官廳額
星臨古益 四川總督開泰題
昭烈殿聯
賡豐沛大風之歌不階尺土載纘丕基溯帝德難名端
在知人則哲 康熙甲戌季夏
推荆襄髀肉之歎雖定三分寧酬壯志苟天
敘王業偏安 四川巡撫宛平于養志題
曰宮曰殿曰幸且曰崩詩史留題千載猶存
仲春
書魏書吳書漢不書蜀醇儒特筆三分豈
襄平蔣攸銛題
北地王座前聯
不降其志不辱其身
不愧於天不怍於人 四川安岳合應山洪成
牌坊聯
自三代以衡才出處之正無慚伊呂 嘉慶庚

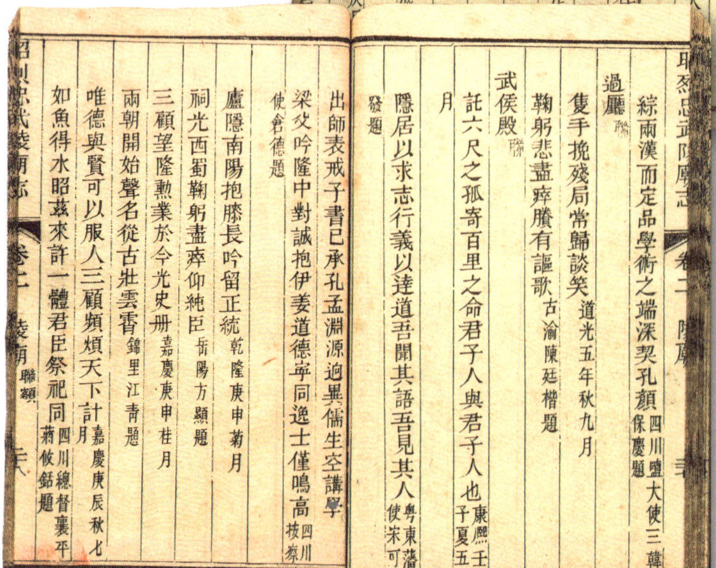

綜兩漢而定品學術之端深契孔顏 四川鹽大使三韓保慶題
過廳聯
隻手挽殘局常歸談笑 道光五年秋九月
鞠躬悲盡瘁縢有謳歌 古渝陳廷楷題
武侯殿聯
託六尺之孤寄百里之命君子人與君子人也 康熙壬子夏五月
隱居以求志行義以達道吾聞其語吾見其人 粵東藩使宋可發題
出師表戒子書已承孔孟淵源迥異儒生空講學
梁父吟隆中對誠抱伊姜道德寧同逸士僅鳴高 四川按察使倉德題
廬隱南陽抱膝長吟留正統 乾隆庚申菊月
祠光西蜀鞠躬盡瘁仰純臣 岳陽方顯題
三顧望隆勲業於今光史冊 嘉慶庚申桂月
兩朝開始聲名從古壯雲霄 錦里江青題
唯德與賢可以服人三顧頻煩天下計 嘉慶庚辰秋七月
如魚得水昭茲來許一體君臣祭祀同 四川總督襄平蔣攸銛題

◎ 楹联

赓①丰沛②大风之歌③，不阶尺土④，载缵⑤丕基⑥，
溯⑦帝德⑧难名⑨，端⑩在知人则哲⑪；
推⑫荆襄髀肉⑬之叹，虽定三分，宁酬壮志，
苟天命未改，岂教王业偏安。

◎ 款识

康熙甲戌⑭季夏⑮
四川巡抚襄平于养志题

◎ 注释

① 赓：接续，继续。

② 丰沛：《史记》《汉书》皆载“沛丰”，此处指代汉高祖刘邦。《史记·高祖本纪》记载：“高祖，沛丰邑中阳里人。”

③ 大风之歌：汉高祖的《大风歌》。此处指代汉高祖刘邦。

④ 不阶尺土：不凭借祖上留下的一尺土地。

⑤ 载缵：载，句首语词；缵，继绪。

⑥ 丕基：宏大的基业。唐代张绍《冲佑观》：“赫赫烈祖，再造丕基。”此指蜀汉政权。

⑦ 溯：往上推求和回想。

⑧ 帝德：天子的德行。

⑨ 难名：难以称述。

⑩ 端：事情的起因。

⑪ 知人则哲：能鉴察人的品行才能。《尚书·皋陶谟》：“知人则哲，能官人。”

⑫ 推：推开。

⑬ 髀（bì）肉：指大腿内侧的肉。髀肉之叹又写作“脾肉之叹”，指痛惜、感叹光阴虚度，思欲有所作为。

⑭ 康熙甲戌：康熙三十三年，即1694年。

⑮ 季夏：夏季的第三个月，农历六月。

◎ 译文

接续汉高祖刘邦的基业，刘备不凭借祖上留下的一尺土地，建立蜀汉政权，追溯他的德行，难以称述，最重要的是知人善任；推开荆州“髀肉之叹”的悲伤情绪，刘备不仅三分天下、建立蜀汉，还要实现收复中原、兴复汉室的壮志，假如不是天命难改，又岂只偏安一隅。

◎ 位置

昭烈殿（现刘备殿）

延伸

“髀肉之叹”“髀肉复生”是与刘备相关的两个成语。《三国志·先主传》裴松之注引西晋司马彪《九州春秋》记载：“备住荆州数年，尝于表坐起至厕，见髀里肉生，慨然流涕。还坐，表怪问备，备曰：‘吾常身不离鞍，髀肉皆消。今不复骑，髀里肉生。日月若驰，老将至矣，而功业不建，是以悲耳。’”《三国演义》第三十四回“蔡夫人隔屏听密语　刘皇叔跃马过檀溪”描述更为详细：东汉建安六年（201年），刘备与曹操交战失利，投奔刘表。刘表亲自迎接刘备，并以上宾之礼待之。刘备在荆州的生活非常安逸，转眼过了几年。一天，刘表宴请刘备，席间说到曹操兵势强盛，懊悔当初错失了进取的机会。刘备劝道：“天下分裂，战乱四起，机会多的是，只要以后应对得当就好了。”紧接着，刘表问刘备立嗣之事——有两子，究竟立谁好？刘备回答：“废长立幼不合礼法，如果担忧蔡氏权重，可以慢慢削弱其兵权，但不能因为溺爱幼子而立其为嗣。”蔡夫人素来疑心刘备，每逢刘备与刘表谈话，必定偷听。此时刘备发现自己的言语有失妥当，于是起身去厕所。等刘备回来时，脸上挂满泪水。刘表问其故，刘备叹气说：“过去我南征北战，身体常年不离开马鞍，大腿精壮结实，没有赘肉。而今我闲居安逸，很久没有骑马，大腿内侧的肉又长出来了。岁月蹉跎，年纪变老，却还未建功立业，所以特别悲伤。”

◎ 作者简介

于养志，见第212页。

◎ **楹联**

曰宫曰殿曰幸且曰崩①，诗史留题，千载犹存正统；

书魏书吴书汉不书蜀，醇儒②特笔，三分岂是偏安。

◎ **款识**

嘉庆庚辰仲春③

四川总督襄平蒋攸铦题

◎ **注释**

①曰宫曰殿曰幸且曰崩：上联化用了杜甫《咏怀古迹五首》（其四）："蜀主窥吴幸三峡，崩年亦在永安宫。""宫""殿""幸""崩"都是对帝王的用语，表明了对刘备的尊重，和将蜀汉视为正统的观点。刘备建国为"汉"，诸葛亮的《出师表》中也称"汉、贼不两立，王业不偏安"。作者在此点出，是为突出蜀汉的正统地位。

②醇儒：学识纯正的儒者。

③仲春：春季第二个月，即农历二月。

◎ **译文**

刘备建立的"汉"在文人诗歌和史家笔下都留下印记，千余年来仍是正统所归；学识纯正的儒者书史时写魏、写吴、写汉，却不写蜀，明明是三分天下，怎能说是偏安一隅呢？

◎ **位置**

昭烈殿（现刘备殿）

◎ 作者简介

蒋攸铦，见第50页。

◎ 楹联

不降其志①，不辱其身②；

不愧于天，不怍③于人。

◎ 款识

四川安岳令应山洪成鼎题

◎ 注释

①志：志向。

②身：出身。

③怍：惭愧。

◎ 译文

北地王刘谌在国亡之时自杀殉国的行为不降低他的志向，不辱没他的出身，无愧于天，无愧于人。

◎ 位置

北地王刘谌座前

◎ 作者简介

洪成鼎（1720—？年），字子镇，号悔翁，湖北应山（今广水市）人。清乾隆三十七年（1772年），出任四川安岳县令。乾隆三十八年（1773年），因不谙官场作风与治绩，遭上司弹劾，改任教职。这年恰逢清军讨伐大小金川，立下军功。之后，他脱离官场，寓居成都，创作大量诗文，在蜀中文名鹊起。乾隆四十年（1775年）前后，被聘出任合川书院山长，在合州寓居六年。工书法，风格模仿米芾，撰有《重修二仙庵碑记》，碑文作为道教的重要文献收录于《道藏辑要》。洪成鼎在成都武侯祠留存四通诗碑：《谒汉北地王》《北地叹》《谒汉昭烈庙》《吊绵竹双忠祠》。

◎ 楹联

自三代①以衡才，出处②之正，无惭伊吕③；

综两汉而定品，学术之端④，深契孔颜⑤。

◎ 款识

嘉庆庚辰清和月⑥

四川盐大使⑦三韩保庆题

◎ 注释

① 三代：夏、商、周。

② 出处：出仕和退隐。

③ 伊吕：伊尹和吕尚，特指辅弼重臣。详见第75页。

④ 端：正。

⑤ 孔颜：孔子和其弟子颜回的合称。

⑥ 清和月：农历四月。

⑦ 盐大使：盐场大使，或称盐课司大使、盐课大使、盐务大使，掌管食盐的生产与场灶缉私等，是清代盐政管理系统中最基础的层级，也是一个十分重要的官职。

◎ 译文

按照夏、商、周以来的选才标准，若论出处之正，诸葛亮堪比伊尹、吕尚；综观两汉时期的品评原则，若论学术之端，诸葛亮可以和孔子、颜回深深契合。

◎ 位置

牌坊（今不存）

◎ 作者简介

保庆，不详，待考。

◎ 楹联

只手①挽②残局，常归谈笑；
鞠躬悲尽瘁，剩有讴歌。

◎ 款识

道光五年秋九月
古渝陈廷楷题

◎ 注释

① 只手：指一人之力。
② 挽：扭转，挽回。

◎ 译文

汉室风雨飘摇，诸葛亮仅凭一己之力支撑，却谈笑从容、指挥若定；他鞠躬尽瘁仍无法力挽狂澜，让人悲叹，但百姓们对他的讴歌、颂扬至今仍在流传。

◎ 位置

过厅

◎ 作者简介

陈廷楷，不详，待考。

◎ 楹联

托①六尺之孤②，寄③百里④之命，君子人与⑤，君子人也；

隐居以求志，行义以达道，吾闻其语，吾见其人。

◎ 款识

康熙壬子⑥夏五月

粤东⑦藩使宋可发题

◎ 注释

①托：托付。

②六尺之孤：古代以七尺指成年，六尺指十五岁以下、个子不高的少年。

③寄：托付，寄托。

④百里：代指先秦时期方圆一百里左右的诸侯国。

⑤与：同“欤”，表疑问的语气词。

⑥康熙壬子：康熙十一年，即1672年。

⑦粤东：广东省的别称。

◎ 译文

可以把年幼的君主托付给他，可以把国家的命脉寄托给他，这样的人是君子吗？这样的人是君子啊！以隐居避世的态度保全自己的志向，按“义”的原则行事贯彻自己的主张，我听过这样的话语，也见过这样的人。

◎ 位置

武侯殿（现诸葛亮殿）

◎ 背景

楹联据《论语》改写，上联出自《论语》，曾子曰："可以托六尺之孤，可以寄百里之命，临大节而不可夺也。君子人与？君子人也。"宋可发认为诸葛亮具有古代君子忠贞的高尚品格。下联亦出自《论语》，孔子曰："见善如不及，见不善如探汤。吾见其人矣，吾闻其语矣。隐居以求其志，行义以达其道。吾闻其语矣，未见其人也。"表达了宋可发对诸葛亮的无限崇敬之情。

◎ 作者简介

宋可发（1610—1676年），字蕴生，号艾石，胶州（今山东省胶州市）人。清顺治六年（1649年）进士。历任彰德知府、福建巡海道、山西按察使等职。康熙八年（1669年）任四川按察使，康熙十一年（1672年）升任广东布政使。主持康熙十至十一年（1671—1672年）间成都武侯祠的恢复重建工程，撰《重修忠武侯庙碑记》，该碑立于今成都武侯祠大门至二门之间东侧。2022年2月，成都武侯祠诸葛亮殿北壁内新发现康熙十一年由宋可发所题"眼底江山"石碑。

◎ 楹联

出师表，戒子书①，已承②孔孟③渊源，迥异儒生空讲学；

梁父吟，隆中对，诚抱伊姜④道德，宁同逸士⑤仅鸣高。

◎ 款识

四川按察使仓德题

◎ 注释

①戒子书：指诸葛亮所作《诫子书》。

②承：继承。

③孔孟：孔子和孟子合称。

④伊姜：伊尹和姜尚合称。

⑤逸士：节行高逸之士。

◎ 译文

展现诸葛亮忠贞爱国的《出师表》和体现他自律育子的《诫子书》，已经继承了孔孟渊源，和那些空谈的儒生完全不同；诸葛亮隐居时经常吟诵的《梁父吟》和饱含他政治抱负的《隆中对》，与伊尹、姜尚的高洁品德相互吻合，那些自命不凡的逸士怎能与其并论？

◎ 位置

武侯殿（现诸葛亮殿）

◎ 作者简介

仓德（生卒年不详），满族，官学生，曾任四川按察使。清乾隆十二年（1747年）九月出任四川布政使，乾隆十三年（1748年）闰七月离任，升太常寺卿。

◎ 楹联

庐①隐南阳②，抱膝长吟留正统；

祠③光西蜀，鞠躬尽瘁仰纯臣④。

◎ 款识

乾隆庚申⑤菊月⑥

岳阳方显题

◎ 注释

① 庐：草庐。

② 南阳：南阳郡。

③ 祠：成都武侯祠。

④ 纯臣：忠纯之臣。

⑤ 乾隆庚申：乾隆五年，即1740年。

⑥ 菊月：农历九月。

◎ 译文

诸葛亮隐居于南阳郡草庐，时常抱膝吟唱《梁父吟》，他辅佐刘备建立的蜀汉是正统所归；后人建造武侯祠光耀西蜀，来此瞻仰这位纯臣，感念他鞠躬尽瘁的精神。

◎ 位置

武侯殿（现诸葛亮殿）

◎ 作者简介

方显（1676—1741年），字周谟，号敬斋，湖南岳阳人。自幼好兵法，有经世之志，被选授湘乡教谕。清雍正年间，曾任广西恭城知县、贵州镇远知府等职。乾隆三年（1738年），任四川布政使。乾隆四年（1739年），署理四川巡抚。乾隆五年（1740年），调任广西巡抚。乾隆六年（1741年），因眼病加重，获准回乡。同年十月，病逝。在贵州“改土归流”期间，提出宽和的招抚政策，使“改土归流”顺利推行。又在四川大小金川叛乱期间，提出堪划边界的办法，使各方罢兵言和，被后人评价为：“绥靖土司，谋虑深远。”留存于世的作品有《平苗纪略》《方巡抚奏疏》等。

◎ 楹联

三顾望隆，勋业①于今光史册；

两朝②开始，声名从古壮云霄。

◎ 款识

嘉庆庚申③桂月

锦里④江青题

◎ 注释

①勋业：功业。

②两朝：诸葛亮辅佐先主刘备和后主刘禅两朝。

③嘉庆庚申：嘉庆五年，即1800年。

④锦里：此指成都。

◎ 译文

经刘备三顾出山，诸葛亮矢志帮助刘备完成兴复汉室的宏愿，他的功业光耀史册、永世长存；辅佐先主、后主两朝，诸葛亮鞠躬尽瘁，他的声名响彻云霄、千秋不朽。

◎ 位置

武侯殿（现诸葛亮殿）

◎ 作者简介

江青，不详，待考。

◎ 楹联

古柏长青庙①貌肃，瞻怀相业；

精忠②可白诚灵昭③，格④戴⑤侯功。

◎ 款识

道光乙酉孟秋月

四川顺庆知府王登墀题

◎ 注释

① 庙：指成都武侯祠。

② 精忠：对国家无比忠诚。

③ 灵昭：明白，清楚。

④ 格：品质，风度。

⑤ 戴：尊奉。

◎ 译文

武侯祠古柏长青、庙貌肃然，在这里可瞻仰、缅怀贤相诸葛亮的功业；他对国家忠诚之心可昭日月，他的品质、功绩受到历代尊奉。

◎ 位置

武侯殿（现诸葛亮殿）

◎ 作者简介

王登墀，见第220页。

◎ 楹联

管乐①自居，竟成伊吕②；

关张③同志，已慑④孙曹⑤。

◎ 款识

道光四年⑥十月

四川峨边同知南丰谭光祜题

◎ 注释

① 管乐：管仲和乐毅，详见第106、107页。
② 伊吕：伊尹和吕尚，详见第75页。
③ 关张：关羽和张飞。
④ 慑：震慑，威慑。
⑤ 孙曹：孙吴和曹魏。
⑥ 道光四年：1824年。

◎ 译文

诸葛亮常常自比管仲、乐毅，却成了伊尹、吕尚一样的人物；他与关羽、张飞有同样的志向，已经震慑了孙吴和曹魏。

◎ 位置

武侯殿（现诸葛亮殿）

◎ 作者简介

谭光祜（1772—1831年），字子受，一字铁箫，号栎山，江西南丰人，吏部左侍郎谭尚忠之子，排行第七。曾任四川夔州府通判、叙州马边同知、总司金川屯田、峨边同知等官职。通诗文、精书法、善骑射，著有《铁箫试稿》《红楼人镜》，还与杨芳灿纂写嘉庆《四川通志》。

◎ 楹联

仰古柏之森森①，典型②非远；

溯③大儒之蔼蔼④，笑貌依然。

◎ 注释

① 森森：形容繁茂。

② 典型：典范。此指诸葛亮。

③ 溯：推求。

④ 蔼蔼：温和的样子。

◎ 译文

仰望这森森古柏，典范的影响并不遥远；推求大儒那蔼蔼气度，音容笑貌未曾改变。

◎ 位置

香叶亭（今不存）

延伸

香叶亭，始建于清乾隆四十一年（1776年），由当时的住持道人徐本衷募建，得名于杜甫诗歌《古柏行》“香叶终经宿鸾凤”之意，位置在今香叶轩附近。亭有两层，中祀诸葛亮画像。清代潘时彤《昭烈忠武陵庙志》：“香叶亭，在紫阳洞南。乾隆丙申岁徐虚庐道人募建。中祀武侯画像，颜曰‘香叶’。盖取杜诗《古柏行》‘香叶曾（终）经宿鸾凤’意也。”清代徐本衷《香叶亭记》：“惠陵之东，不百武，有小院落，老桂数株，幽篁夹径，面东瓦屋三楹，不华，宋厚颜曰‘紫阳洞’……其南，修竹万竿，中有隙地半亩，可营屋。乾隆丙申，两金奏凯，都人士思侯默佑之德，谋以报之。于是捐建一亭，颜曰‘香叶’，并奉侯画像。盖取子美‘香叶终经宿鸾凤’意也。”

◎ **楹联**

隆中一日风云会；
剑外①千秋草木香。

◎ **注释**

①剑外：剑门关以南的蜀中地区。

◎ **译文**

隆中那日刘备、诸葛亮君臣际会成就千古传奇，蜀中千余年来祭祀两人的祠庙草木飘香、香火不断。

◎ **位置**

香叶亭（今不存）

◎ **楹联**

玉轴①传神，无限凄凉邻帝墓②；
竹篱染翠，自然幽雅仿草庐③。

◎ **注释**

①玉轴：一般指卷轴。此指香叶亭内供奉的诸葛亮画像。

②帝墓：指刘备的陵墓，即惠陵。

③草庐：指诸葛亮的草庐。

◎ **译文**

香叶亭内诸葛亮的画像逼真传神，邻近刘备的惠陵，让人无限感伤；道士院中竹篱青翠、自然幽雅，仿佛诸葛亮少时居住的草庐一般。

◎ **位置**

香叶亭（今不存）

◎ 楹联

宿凤枝高，三代下见儒者气象①；

卧龙云杳②，两汉后留王③佐④规模⑤。

◎ 注释

① 气象：气度。

② 杳：远得看不见踪影。

③ 王：君主，帝王。

④ 佐：辅佐。

⑤ 规模：典范，榜样。

◎ 译文

诸葛亮这样凤毛麟角的人才，是夏、商、周三代后少见的具有儒者气度的人；人虽已逝，却是两汉后辅佐帝王的楷模。

◎ 位置

香叶亭（今不存）

◎ 楹联

自有桑田①遗子弟②；

偶因鱼水③忆君臣。

◎ 款识

道光乙酉孟秋

华阳紫垣潘时彤题

◎ 注释

①桑田：诸葛亮为蜀汉丞相时有桑八百株、薄田十五顷。

②子弟：子与弟，指子侄辈，也泛指年轻后辈。

③鱼水：比喻密不可分的依赖关系。刘备得诸葛亮后曾说："孤之有孔明，犹鱼之有水也。"

◎ 译文

诸葛亮一生清廉，只有少许桑田留给后辈；人们会因鱼水相依，想起刘备、诸葛亮之间的君臣情谊。

◎ 位置

藕船

延伸

藕船，原名“圆通境”，位于诸葛亮殿西南面、今西厢房附近，辟有荷塘。荷花最早是住持道人张清夜种植，有廊道和房屋数间。清乾隆三十九年（1774年）六月二十二日，顾光旭更名为“藕船”。清代潘时彤《昭烈忠武陵庙志》：“藕船，后殿西偏，有屋三楹，下临方沼，绕以修廊，旧颜曰‘圆通境’。乾隆甲午夏，顾晴沙廉访、查恂叔观察游此，易书为‘藕船’。”清代顾光旭《藕船跋》：“乾隆甲午六月廿二日，偕查榕巢观察观荷于武侯祠西偏，所谓圆通境者。荷为张子还道人所种，岁岁作花，而道人鹤化已久。遂各赋《摸鱼儿》一阕，并易其旧额如右。”

◎ 作者简介

潘时彤（生卒年不详），成都华阳人，字紫垣，清嘉庆九年（1804年）甲子科举人，诗文驰名蜀中。嘉庆二十至二十一年（1815—1816年），应华阳知县董淳之邀，修撰《华阳县志》，这是华阳县的第一部志书。道光年间曾“主讲芙蓉讲习”（负责芙蓉书院的教学）。成都武侯祠历史上第一部专志《昭烈忠武陵庙志》由潘时彤主纂，该书于道光七年（1827年）纂修，道光九年（1829年）雕版印行。全书共10卷，20余万字，内容丰富，包括成都武侯祠陵庙沿革、文物古迹、祭祀典章、遗闻传说、相关文献等，具有较高的文献和学术价值。

◎ 楹联

生前碌碌①，唯我心存养无欺，而临去虚空自涵清静；

身后茫茫②，愿尔辈③行持不怠④，则将来道脉⑤益有规程。

◎ 款识

羽士⑥张清夜书

◎ 注释

①碌碌：平庸的样子。

②茫茫：无边无际，让人看不清。

③尔辈：你们这些人。此指后辈。

④怠：松懈。

⑤道脉：道统，见于元戴良《哭汪遁斋二十四韵》："儒言存道脉，野趣任天真。"

⑥羽士：道士。

◎ 译文

活着的时候碌碌无为，唯有我的内心犹存正义无私，临死前即可自在清净、无牵无挂；死后即陷入无边无际之中，希望后辈行为做事不懈怠，未来的道统则更加规范。

◎ 位置

紫阳洞（今不存）

延伸

紫阳洞的位置大致在今碧草园大门一带。清雍正年间，住持道人张清夜在道院西面建造草屋数间，宋厚题名"紫阳洞"。乾隆三十七年（1772年），住持道人唐复雄将草屋改建为瓦房三间。清代潘时彤《昭烈忠武陵庙志》："紫阳洞，藕船逶南为道院，旧颜曰'藏密'。雍正间，张自牧道人栖隐其中。又于西偏结草屋数椽，不华，宋厚题曰'紫阳洞'。乾隆壬辰唐指实道人始易以瓦。"清代徐本衷《香叶亭记》："惠陵之东，不百武，有小院落，老桂数株，幽篁夹径，面东瓦屋三楹，不华，宋厚颜曰'紫阳洞'。"

◎ 作者简介

张清夜，见第68页。

◎ 楹联

诸葛大名垂宇宙；

元戎①小队出郊坰②。（集杜句）③

◎ 注释

①元戎：战车。

②郊坰（jiǒng）：泛指城外的地方。此处指成都武侯祠。

③集杜句：据清宣统《川楚纪游》载，此联为郭兰石先生集杜甫诗句，上联来自《咏怀古迹五首》（其五）“诸葛大名垂宇宙，宗臣遗像肃清高”，下联来自《严中丞枉驾见过》“元戎小队出郊坰，问柳寻花到野亭”。

◎ 译文

诸葛亮的英名永留天地之间，众人皆去城外南郊拜谒他的祠堂。

◎ 位置

官厅（今不存）

参考资料

1. 专著

（明）丘浚编辑：《朱子学的》，载王云五主编：《丛书集成》，商务印书馆，1936年。

（晋）陈寿撰，（南朝宋）裴松之注：《三国志》，中华书局，1959年。

（清）彭定求等编：《全唐诗》，中华书局，1960年。

（南朝宋）范晔撰：《后汉书》，中华书局，1965年。

（南朝）沈约撰：《宋书》，中华书局，1974年。

（明）罗贯中：《三国演义》，人民文学出版社，1979年。

广东、广西、湖南、河南辞源修订组，商务印书馆编辑部编：《辞源》（修订本），商务印书馆，1979年。

（清）阮元校刻：《十三经注疏》，中华书局，1980年。

（晋）常璩著，任乃强校注：《华阳国志校补图注》，上海古籍出版社，1987年。

王钟翰点校：《清史列传》，中华书局，1987年。

（北魏）郦道元撰，陈桥驿点校：《水经注》，上海古籍出版社，1990年。

（宋）郭茂倩辑：《乐府诗集》，上海古籍出版社，1993年。

（宋）胡寅撰，容肇祖点校：《崇正辩　斐然集》，中华书局，1993年。

（明）王士性撰，周振鹤点校：《五岳游草　广志绎》，中华书局，2006年。

王波、李迎选主编：《晋绥风云人物》，中央文献出版社，2007年。

方北辰、谭良啸主编：《三国故事真与假100例》，成都时代出版社，2015年。

中国中共党史人物研究会编：《中共党史人物传（全89

卷）》，中国人民大学出版社，2017年。

方北辰：《诸葛亮传》，天地出版社，2020年。

2. 方志

（清）鲁凤辉等修，（清）王廷伟等纂：嘉庆《达县志》，嘉庆乙亥年新镌，本衙藏板。

（清）吴巩、董淳修，（清）潘时彤等纂：嘉庆《华阳县志》，嘉庆丙子年镌，东门文昌宫藏板。

（清）潘时彤：《昭烈忠武陵庙志》，道光己丑年仲春镌，爱树山房藏板。

（清）何庆恩修，（清）贾振麟、金传培纂：同治《渠县志》，同治三年板。

（清）曹绍樾等修，（清）胡辑瑞纂：同治《仪陇县志》，光绪丁未年秋重镌，劝学所板。

四川省郫县志编纂委员会编纂：《郫县志》，四川人民出版社，1989年。

（清）李玉宣等修，（清）衷兴鉴等纂：同治重修《成都县志》，《中国地方志集成·四川府县志辑》，巴蜀书社，1992年。

戴纶喆纂修：民国《四川綦江续志》，《中国地方志集成·四川府县志辑》，巴蜀书社，1992年。

郑贤书等修，张森楷纂：民国《合川县志》，《中国地方志集成·四川府县志辑》，巴蜀书社，1992年。

陈法驾等修，曾鉴等纂：民国《华阳县志》，《中国地方志集成·四川府县志辑》，巴蜀书社，1992年。

（清）江峰青修，（清）顾福仁纂：光绪重修《嘉善县志》，《中国地方志集成·浙江府县志辑》，上海书店出版社，1993年。

（清）德馨等修，（清）朱孙诒等纂：《临江府志》，台北成文出版社影印本，2007年。

成都武侯祠博物馆编著：《祠庙千秋——成都武侯祠志》，巴蜀书社，2022年。

3. 论文及其他参考资料

卿三祥：《三义庙考》，《四川文物》2002年第6期。

庞思纯：《“陈氏”三杰之陈矩》，《贵阳文史》2007年第2期。

彭雄：《刘咸荥轶事》，《巴蜀史志》2013年第4期（总第188期）。

况再举：《北伐名将，王天陪魂断西湖》，载中共黔东南州委党史研究室、黔东南州中共党史学会主办：红色黔东南，2013年11月5日。

图书在版编目（CIP）数据

工整的华章 / 成都武侯祠博物馆编著. -- 成都：巴蜀书社, 2024. 5

ISBN 978-7-5531-2214-4

Ⅰ. ①工… Ⅱ. ①成… Ⅲ. ①武侯祠—牌匾—介绍②武侯祠—对联—介绍 Ⅳ. ①K875.4②I207.6

中国国家版本馆CIP数据核字(2024)第078122号

GONGZHENG DE HUAZHANG

工整的华章

成都武侯祠博物馆　编著

策　　划　周　颖　吴焕姣
责任编辑　王欣怡　史晓鹏
责任印制　谷雨婷　田东洋
出　　版　巴蜀书社
　　　　　成都市锦江区三色路238号新华之星A座36楼　邮编：610031
　　　　　总编室电话：028-86361843
网　　址　www.bsbook.com
发　　行　巴蜀书社
　　　　　发行科电话：028-86361852
经　　销　新华书店
设　　计　四川胜翔数码印务设计有限公司
印　　刷　成都市东辰印艺科技有限公司
版　　次　2024年5月第1版
印　　次　2024年5月第1次印刷
成品尺寸　187mm × 260mm
印　　张　16.5
字　　数　278千
书　　号　ISBN 978-7-5531-2214-4
定　　价　228.00元

ISBN 978-7-5531-2214-4

9 787553 122144 >